U0926381

为山海立传，集异事成经。

山海無界
最后的猨翼山
奈目工作室 著绘
北京联合出版公司
Beijing United Publishing Co.,Ltd.

# 目录

猨翼之山，其中多怪兽，水多怪鱼，多白玉，多蝮虫，多怪蛇，多怪木，不可以上。

——《山海经·南山经》

# 最后的翼山

卿云歌

他睁开眼，如同从万古长夜里醒来。

熹微的晨光，洒在猨翼山上，照亮了山顶一片空地。四围如刀削，上则乱云缭绕，下则绝壁通底，水雾蒸腾，深不可测。此山地势之险，须猿猴生翼方可上，故名。

空地很大，方圆约三十丈，高低不平。西北最高，怪岩嶙峋；东南偏低，怪树杂生；溪流便随高就低，盘旋而下。溪边有奇石，水底有白玉，大小怪鱼游弋其中。两岸建有许多木栅，圈养着诸般兽类，外形莫可名状。它们也正纷纷醒来，开始发出声响。

这一切于他都是新的，草木鱼兽皆不识，也就无所谓奇怪与否。只他所在之处，用巨石摞起来，顶上覆了怪茅，建成好大一座屋子。看起来，他和那些兽类约略

## 絜钩

硜山，
南临硜水，
东望湖泽……有鸟焉，
其状如凫而鼠尾，
善登木，
其名曰絜钩，
见则其国多疫。

是不同的。

“你醒了？”随着窸窸窣窣的游动声，她出现在门口。她皮肤粗糙微黑，颧骨突出，从表情到声音都很清冷，唯眼大而窅，在看见他的瞬间有光芒一闪而逝。脑后的乌发蓬乱地垂下，一直披拂到胯边，再往下只见长长一条蛇尾，兀自在野草间来回摆动。

他的嘴动了几下才出声，似乎喉咙还在适应，声音显得飘忽且嘶哑：“……你……你是……谁？”

“你呼我巫姑即可。我出自巫族，是女娲后裔，居于灵山。”她身裹纯白兽皮，腰间挂一件翠绿的蛇形玉器。说话间，她双手捧起，对着门外四方祭台拜了拜说：“开辟鸿蒙，女娲创世，彼时万灵皆由天地之精化生，体态形容并不截然分明，或龙首，或蛇身，或兽足，分而为神、巫、兽三族，神主上界，兽主下界，巫则调和阴阳，上知神意，下育百兽。”

他目视沿溪的木栅问：“那些都是巫姑所育？”

近处木栅内有一头怪兽立起，外形像马，白首虎斑，唯独尾巴赤红，它张开嘴对着天空吼起来，声音悠长浑厚，像是在吟唱。

“嗯。那是鹿蜀[1]，是我用白首马、斑斓虎和蜀葵育出的。”

“如何育得？”

她指指祭台上的长方凹槽，让他走近了看，只见台边杂乱放置有石刀、石锥、骨针等诸多工具，还有各种形状奇怪的石罐，罐里装着怪异的药液，有的鲜红如血，有的乌黑如墨，还有的亮黄如阳光，目不能直视。她一一指点，像是有意要把这些教给他，脸上带着诡异的自得。

“喏，再看左近木栅，探出头那只叫窫窳[2]，牛形，马蹄，那红色身体费了我两罐禽血，半月之夜的两息巫法。更远处那头正在啼哭的叫狍鸮[3]，羊身虎牙，眼睛长在腋下，神族送来十只羊、两只虎加一具神族士兵躯体，三昼夜才做得。”

他忽觉身上发冷：“神族要你做的？”

她眼尾一挑，露出尖刻的嘲讽：“那可不？神族没落，

---

1 鹿蜀：杻阳之山，有兽焉，其状如马而白首，其文如虎而赤尾，其音如谣，其名曰鹿蜀，佩之宜子孙。——《山海经·南山经》

2 窫窳（yà yǔ）：少咸之山，有兽焉，其状如牛，而赤身、人面、马足，名曰窫窳，其音如婴儿，是食人。——《山海经·北山经》

3 狍鸮：钩吾之山，有兽焉，其状如羊身人面，其目在腋下，虎齿人爪，其音如婴儿，名曰狍鸮，是食人。——《山海经·北山经》

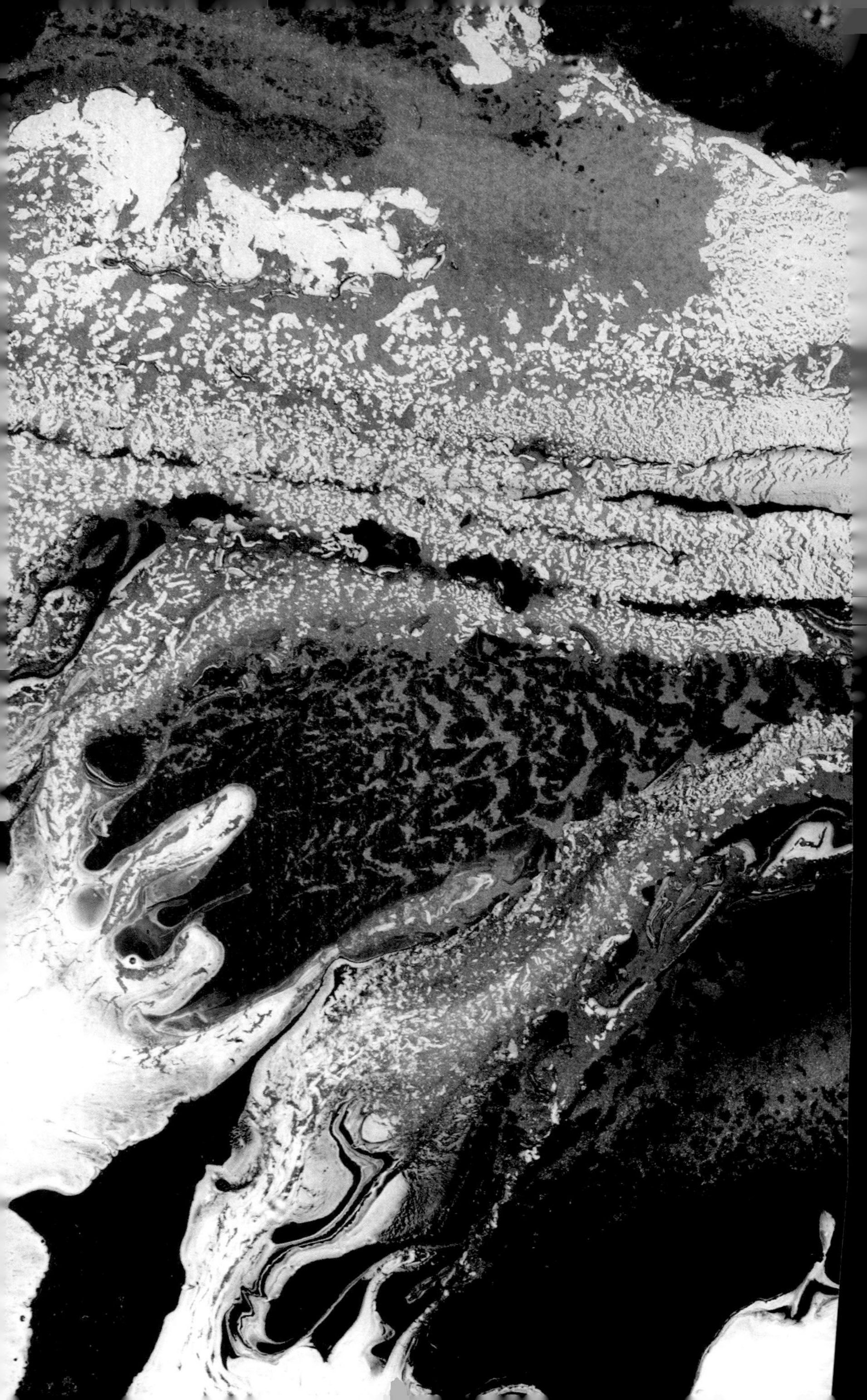

不思进取，力量日益减弱，又恐神界地位下降，遂开始屠食兽类以强自身。知我巫族善医，能以巫术造出怪兽，食之各有特殊功用。”

他突然意识到一件事，低头打量自身，狐疑道：“难道我，我也是……你造的？”

她平静地注视着他：“你与那些不同，你果然有智慧……”

话音未落，只听空中有人高声喊道：“巫姑接神谕——”紧接着，一队巨兽降落，兽身上各乘着一名神族将士，威风凛凛。

巫姑示意他进屋，然后游过去，淡淡吐出一个字：“讲。”

为首神将，狮身大耳，耳朵上穿挂两条青蛇，名叫奢比尸[4]。他亢声道：“奢比尸传神帝谕，神族今晚举办百年一次的扶桑会，神尊神将悉数与会，须讙兽[5]三十头、

---

4　奢比尸：有神，人面、犬耳、兽身，珥两青蛇，名曰奢比尸。——《山海经·大荒东经》

5　讙兽：翼望之山，有兽焉，其状如狸，一目而三尾，名曰讙，其音如夺百声，是可以御凶，服之已瘅。——《山海经·西山经》

天狗[6]三十头、狰兽[7]三十头、鵸䳜[8]百只、鴸鸟[9]百只、肥遗[10]百只、鯥鱼[11]五十条、文鳐[12]五十条……”

巫姑不耐，冷声打断那长长的食单：“溪边有栅，林中有笼，东南角有池，你等自去取。我只问一声，有新近造得的絜钩[13]，做汤鲜香味美，可美容颜，要否？”

奢比尸大约已习惯于巫姑的冷言冷语，亦知她地位特殊，赔笑道：“末将还另带了一份口谕，神帝要那能治忌妒心的神兽‘类’[14]给神后与诸神姬食用。”

---

6 天狗：阴山，有兽焉，其状如狸而白首，名曰天狗，其音如榴榴，可以御凶。——《山海经・西山经》

7 狰兽：章莪之山，有兽焉，其状如赤豹，五尾一角，其音如击石，其名曰狰。——《山海经・西山经》

8 鵸䳜（qí tú）：有鸟焉，其状如乌，三首六尾而善笑，名曰鵸䳜，服之使人不厌，又可以御凶。——《山海经・西山经》

9 鴸（zhū）鸟：柜山，有鸟焉，其状如鸱而人手，其音如痺，其名曰鴸，其名自号也，见则其县多放士。——《山海经・南山经》

10 肥遗（鸟）：英山，有鸟焉，其状如鹑，黄身而赤喙，其名曰肥遗，食之已疠，可以杀虫。——《山海经・西山经》

11 鯥（lù）鱼：柢山，有鱼焉，其状如牛，陵居，蛇尾有翼，其羽在魼（qū）下，其音如留牛，其名曰鯥，冬死而复生。——《山海经・南山经》

12 文鳐：泰器之山，观水出焉。是多文鳐鱼，状如鲤鱼，鱼身而鸟翼，苍文而白首赤喙，常行西海，游于东海，以夜飞。其音如鸾鸡，其味酸甘，食之已狂，见则天下大穰。——《山海经・西山经》

13 絜钩：碅（yīn）山，南临碅水，东望湖泽……有鸟焉，其状如凫而鼠尾，善登木，其名曰絜钩，见则其国多疫。——《山海经・东山经》

14 类：亶爰之山，有兽焉，其状如狸而有髦，其名曰类，自为牝牡，食者不妒。——《山海经・南山经》

“嗯。我这絜钩只一点神奇：遇风即损气息，少时便失了鲜味，美颜效用也会大打折扣。须得置一大鼎，现煮现食，一刻也不得耽误。气味所至之处，管教个个得益。”

神族食用猨翼山的怪兽日久，皆知其奇效，听说有新兽可食，奢比尸大喜，搓着手再三表示回天界必大加美言，便带领队伍乐颠颠地跟着巫姑去了。留下一群坐骑三三两两，坐卧着闲话。

其中一只巨兽，六足四翼，面目模糊不清，信步溜达着，就到了这边屋门口。看到屋内的他后，像是有几分欢乐，翼翅轻拍，足下蹈步。他吓了一跳，正要躲进身后的草铺中，那巨兽却在两个前翼中间发出细细的声音来：“别害怕，我是巫十一，巫姑知道我。灵山有巫咸、巫即、巫盼、巫彭、巫姑、巫真、巫礼、巫抵、巫谢、巫罗十大首领，其中巫姑最有灵气，巫咸本领最高，我是不入流的小帮手，大家开玩笑叫我巫十一。嘿嘿，太好啦，巫姑把你造出来喽！”

他指着这只巨兽诧异道：“你这……不像啊，找不出五官脸面。”

“因我学艺不精嘛，嘻嘻，天界也只好唤我混沌[15]。当日神族命灵山十巫[16]为神族造怪兽，巫咸以违背天道为由拒绝了。神帝便派了帝子中容[17]到灵山，日日隔崖吹笛幽会，诱拐了巫姑到此。之后就大屠巫族，我是唯一一个逃出来的，只好自毁本体，用巫咸教的秘法造出这混沌形体，才得蒙混到天界。嘘，有别的坐骑来了——”

他眼珠一转，急忙走近混沌，用手轻轻抚摸其背。那匹坐骑探头看了看，又走开了。巫十一继续小声说：“半年前，我好不容易随神族将士到此，发现果然是巫姑在此育兽。天界日日笙歌，索取无度，对待下界生灵残忍暴虐，可恨我巫族已被屠灭，兽族则懵懂未开智慧，巫姑便誓要造出新的生灵来。如此甚好，即便她毁了这世界，也不至于毁了先祖女娲的心血。”

巫十一魂灵虽融入了混沌的躯体，但毕竟带些小巫

---

15 混沌：天山，有神焉，其状如黄囊，赤如丹火，六足四翼，浑敦无面目，是识歌舞，实为帝江也。（晋人郭璞注：质则混沌，神则旁通。自然灵照，听不以聪。强为之名，号曰帝江。）——《山海经·西山经》

16 灵山十巫：有灵山，巫咸、巫即、巫盼、巫彭、巫姑、巫真、巫礼、巫抵、巫谢、巫罗十巫，从此升降，百药爰在。——《山海经·大荒西经》

17 中容：帝俊生中容，中容人食兽、木实，使四鸟：豹、虎、熊、罴。——《山海经·大荒东经》

## 狰

章莪之山，有兽焉，其状如赤豹，五尾一角，其音如击石，其名曰狰。

女心性，兴奋地打量着他，小声嘀咕："头上鬃毛是黑的，应该金色嘛，金色多帅！嘿，脸部倒是清秀，白了许多。两条前腿太太……太细了，爪儿也太长，这能干什么？后腿粗多了，咦，只用后腿立着，那你闲着的前腿作甚？嚯嚯，尾巴都不要了，我巫族蛇尾多漂亮啊。这么一看，头就显得特别大，能遮风挡雨吗？这就是巫姑说的智慧？"

他也不闲着，逮着机会就打听："难道我本体是巫姑生的？"

"别瞎说！我巫族自古无雄性，只要遇南风裸露形体，自可感风而生，所生仍为雌性。这么说，你是雄性还是雌性？哈哈，让我看看……"

一个抓，一个躲，偷着絮叨闲话，乍看起来只是两兽玩闹罢了。远处，兽禽鱼声此起彼伏，显然正在纷纷就擒。一阵热闹混乱之后，大半天也就过去，巫姑只觑便叮嘱巫十一莫靠近宴席，就把这一队瘟神送走了。

日色渐见柔和，天风漫漫拂来，他走近她身边，轻声问道："那絜钩其实有古怪？"

"你已知前情？嗯，絜钩出，瘟疫生，天神概莫能逃。先是颜如桃花，继而浑身无力，终至咳喘如雷，气竭而亡。

哈哈哈……”巫姑大笑着，眼中却涌出血泪，显得凄厉可怖，“欺我哄我，屠族灭族！中容当诛，天界当灭！我要这颠倒的天道，混乱的世界，悉数覆灭！”

他生出畏惧，瑟缩道：“那我能做什么呢？”

她抹去血泪，转身看他，神色有疯狂，有讥讽，还有怜悯。修长的手指带着未干的血迹，抚过他的脸、脖子、肩膀、脊背：“你是这般细弱，有时又会充满力量；你是这般怯懦，有时也会很勇敢；你是自私的，也懂得用无私团结族群；你是真实的，也懂得如何伪装自己……我不要你十全十美，也不要你如神界孔武有力，更不要你如兽界无知无识，你有毁灭之心，也有重建之力，你会爱到疯狂，也会恨到入骨，你是矛盾的，也是变化的。一生二，二生三，三生无穷……”后面渐渐化为咒语，微不可闻。

他听得呆住了。

突然，她尾巴一抖，察觉了什么动静。推着他回屋道：“在你卧的干草下有块兽皮，揭开它能看到洞穴，那里直通山腹，可离开此处。带上兽皮，上面我用草汁画有一些巫医之术，可助你生存。速速离开！”

“你呢？同我一起走可好？”他拉住她。

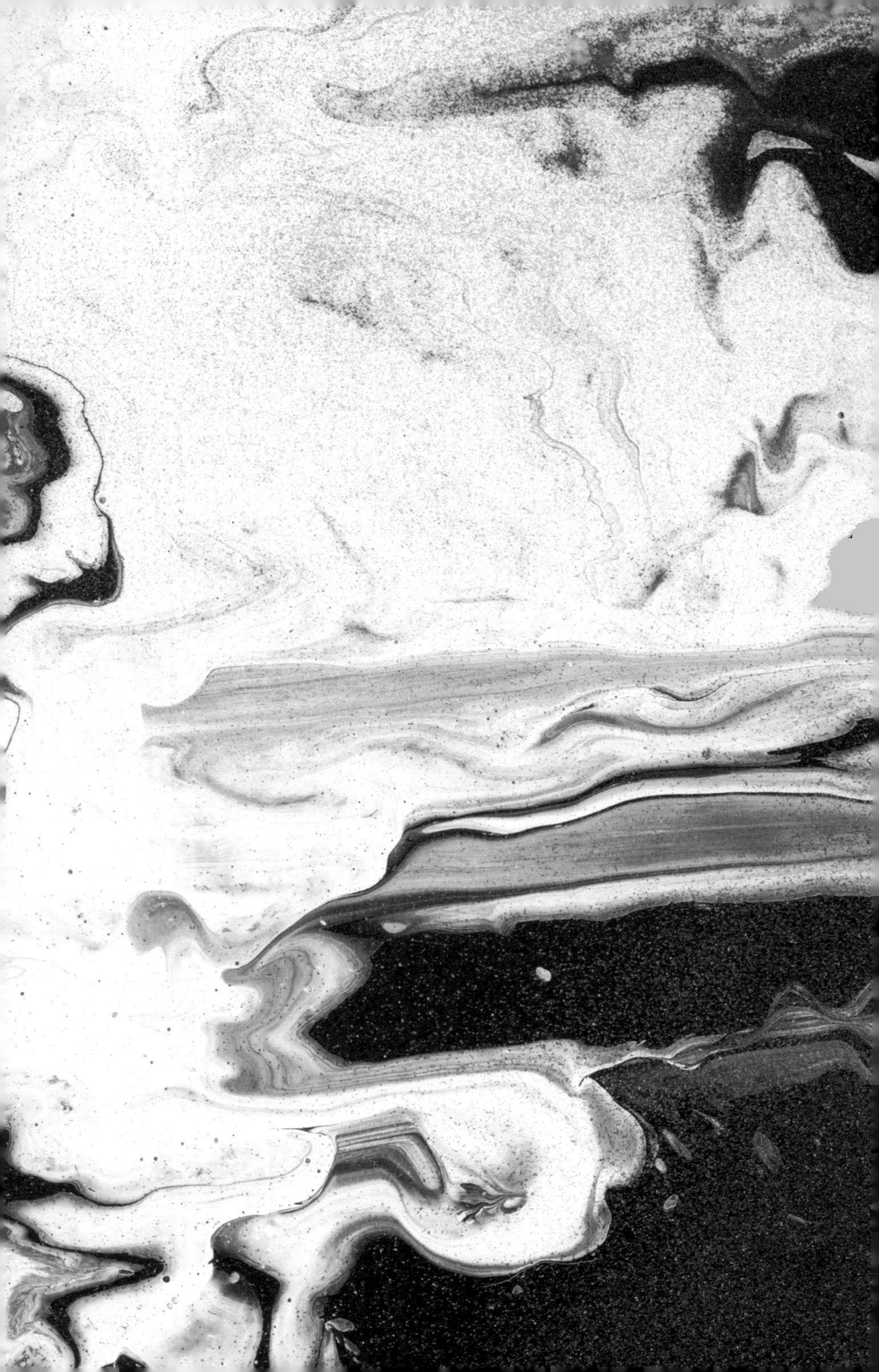

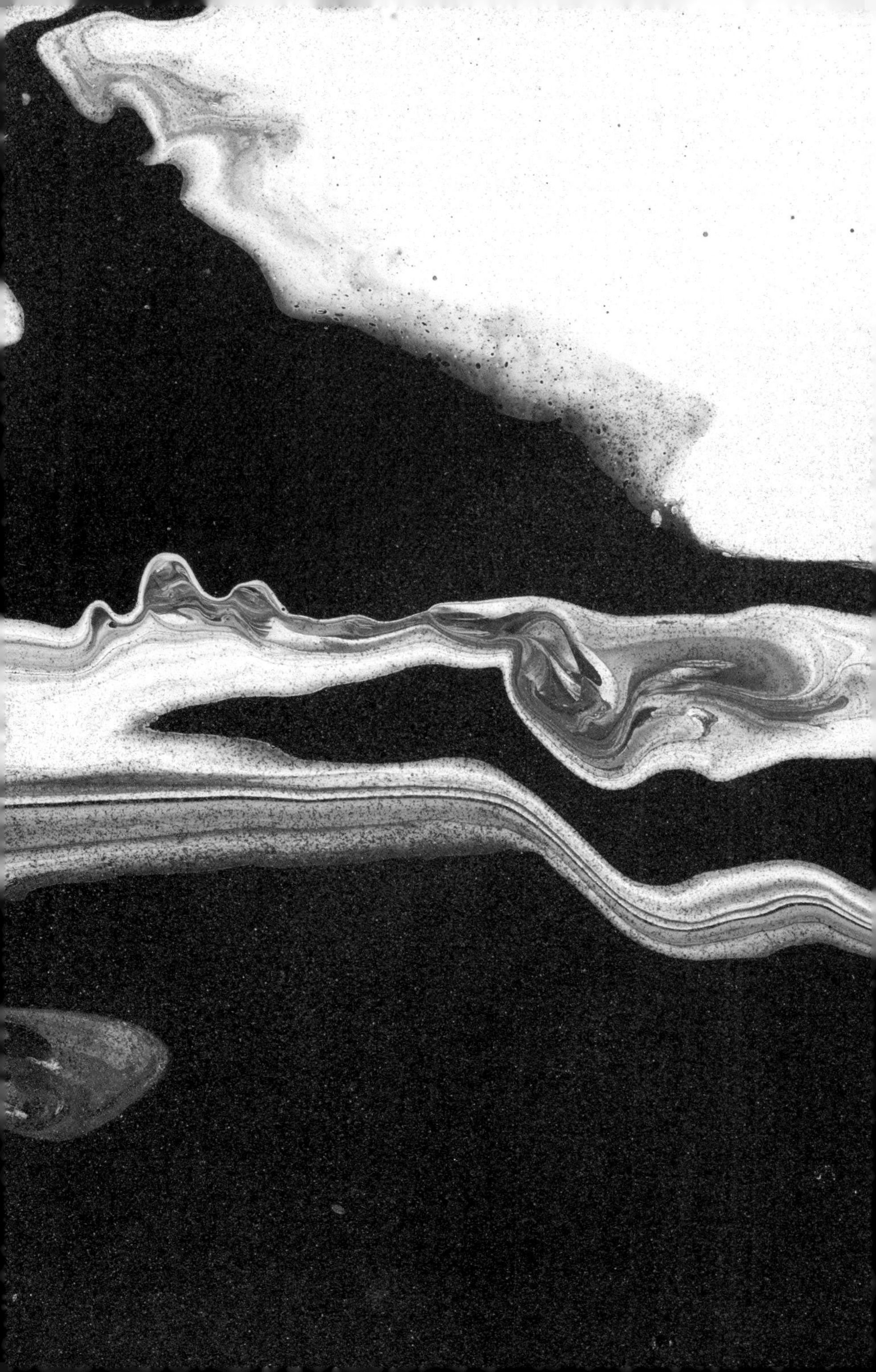

“不，我有所爱呢，他就要来了。高大英武爱食兽的中容，我要和他同生共死，一起化成泥也不分开呢，哈哈哈……”她又在诡异地笑。

他走向干草铺，发现了她所说的一切。

她捧出一个小鼎，放在祭台上，里面显然是又一只即将烹来待客的絜钩。她理了理衣服头发，手捧玉器，摆出柔媚的姿势，欲待起舞。

他身体已到洞穴里，露出脑袋，远远又问了一声：“我叫什么？”

她扭头看定他，微微笑道：“人。”

最后一刻，他看见晚霞铺满屋外的天空，一道红一道黄层叠不尽，就像巫十一所说染玉石的白䓘[18]池被打翻的景象。有龙角天神踩着彩霞而来，果然英武非凡，那将是人的时代到来前，他记忆中最后的天神模样。

而她，正在曼妙起舞，曼声吟唱：

混沌开兮，造物化兮。

灵山十巫，以玉事神兮。

---

18 白䓘（gāo）：仑者之山，有木焉，其状如穀而赤理，其汗如漆，其味如饴，食者不饥，可以释劳，其名曰白䓘，可以血玉。——《山海经·南山经》

高岸谷兮，深谷陵兮。

遇风裸形，感风而生兮。

舒窈纠兮，劳心悄兮。

日居月诸，今夕何夕兮。

……

地之所载，六合之间，四海之内，照之以日月，经之以星辰，纪之以四时，要之以太岁，神灵所生，其物异形，或夭或寿，唯圣人能通其道。

——《山海经·海外南经》

# 山海战

卿云歌

却说盘古开辟天地，女娲孕育万灵，世间以神、巫、兽统领三界，各安其命，各守其序，忽忽已过六千万年。孰料其后百年间骤然生变，先是巫族神秘消亡，后是神族疫病横行，天地失序，对兽族的约束力便大为减弱，六合八荒遂酝酿出一场大战。

且看地之所载，群山以南山为首。南山之中，又以两座名山为首。一曰招摇山[1]，濒临西海，多产金属和玉石，山上桂树连片，花开时节香气远飘海面。一曰堂庭山[2]，多产黄金和水晶，山上遍布棪木，挂果时蔚为壮观，远近兽类皆来讨食。

物产如此丰富的两座山，能盘踞于此者是兽族中最

---

1　招摇山：招摇之山，临于西海之上。多桂，多金玉。——《山海经 · 南山经》

2　堂庭山：堂庭之山，多棪木，多白猿，多水玉，多黄金。——《山海经 · 南山经》

## 狌狌

招摇之山，
有兽焉，
其状如禺而白耳，
伏行人走，
其名曰狌狌，
食之善走。

具灵性的两族：狌狌[3]和白猿[4]。

招摇山的狌狌，白耳长尾，善于直立奔跑，相较于四肢伏地的兽类而言，视野更开阔，反应也就更灵敏，既善战又善逃，其他兽族等闲不敢侵犯。但因体质特殊，食用后即善于奔跑，神族遂要求每年献祭一兽，供神族将士享用。神命不可违，狌狌族只能老实照做。

堂庭山的白猿，智慧远高于其他兽族，善伪装，懂计谋，再加上长臂善于攀缘，可谓有勇有谋，俨然为万兽之首。山中所产的黄金和水晶是物产中最贵重者，他们却藏匿起来秘不外宣，神祭时只奉上些赤铜和棪果，神族诘问则作痴作呆，一年一年全靠蒙混过关。

这一年又到昼夜等长、阴阳交会的神祭日，狌狌族却找不到该被献祭的狌狌了。族长只是转身去拿玉石而已，那捆好的倒霉狌狌就不见了，祭台上只落着些许桂花。其实这狌狌是被打小结识的一个白猿好友攀树救走的，然而桂花细碎易落，饶是那白猿小心翼翼，还是暴露了行踪。狌狌族长惧怕神族降罪，带族类一路急追，

3　狌狌：有兽焉，其状如禺而白耳，伏行人走，其名曰狌狌，食之善走。——《山海经·南山经》

4　白猿：见 2。

至堂庭山踪迹全无，便去找白猿族长理论。

巧的是，白猿族几年前也曾丢失一猿，怀疑是狌狌族捣鬼，苦于无证据。两族早就不合，此时神祭之事已被抛在一边，两位热血族长都觉得先打一架才是正事。在山上打自然是攀树能手白猿占上风，但狌狌迈开长腿且打且跑，把战场带到了平地，局势渐渐发生逆转。猿猴性本好斗，最不肯服输，更何况白猿还是万兽之首呢。白猿族长就派遣报信猿，往南山周围的群山中去招募兽族加入。

同为兽类，也分等级。比如兔狐鹿雉，要被虎豹熊罴猎食；而虎豹熊罴，则听猿猴狌狌驱使。狌狌族和白猿族都能驱使猛兽，于是队伍迅速扩大，最后竟至于东南西北各山都有兽类加入，双方就在招摇山与堂庭山之间的三百里大平原上展开激战。只听得虎哮狼嚎，此起彼伏；只见得撕咬翻滚，腾挪跳跃；只杀得天昏地暗，烟尘漫天……这场大战，大约是自万灵诞生以降，大地上从未有过的壮观景象。

由此可知，天地创世之初，以三界分立，互为制衡，实是大有深意。目今兽类一族独大，神族势力衰微，天地之间亟须新的力量出现。神帝也曾为此卜得天启曰：

## 白猿

堂庭之山，多棪木，多白猿，多水玉，多黄金。

“山海战，王者现，三界安。”一番推演后，得知新的生灵叫作人，人族将成为大地之王，并介乎天地之间尊奉新的山海之神；而神族中即将羽化者，会被贬往大荒之东，化身为未来的人族国度，如中容国、少昊国、白民国、黑齿国等。

其实那被掠走的白猿，再加上当年祭神的狌狌，正是被中容应巫姑所求送往猨翼山，巫姑依女娲所遗古法，又吸纳神之气、巫之灵而育出了人。人族之祖离开猨翼山时，因山腹有水直通西海，因此到达西海之滨。他一路拔祝余草[5]充饥，遂自己取名祝由。祝由之身，既拥有高智慧，又因神之气而比一般生灵长寿，还兼有巫之灵，擅巫医之术，真可谓天选的王者。

那与他相识的巫十一所化的混沌，则趁乱自天庭脱逃，找到祝由，又去猨翼山带来诸多怪兽，就在西海一座岛上休养生息。几年时间，在混沌的辅佐下，祝由潜心钻研加训练，竟带出了一支怪异强大、包揽海陆空的队伍来。能飞的，如人面三脚的瞿如[6]，三头六尾的鵸䳜，

---

5　祝余草：有草焉，其状如韭而青华，其名曰祝余，食之不饥。——《山海经·南山经》

6　瞿如：祷过之山，有鸟焉，其状如而白首，三足人面，其名曰瞿如，其鸣自号也。——《山海经·南山经》

四翅六眼的酸与[7]等；会走的，如人面野猪身的猾褢[8]，牛身长着刺猬硬毛的穷奇[9]，形似豪猪而长着红刺的孟槐[10]等；能游的，似雕而有角的蛊雕[11]，鱼身蛇尾的虎蛟[12]，狗头鱼身的鮨鱼[13]等。

当此际，实乃天时地利只等祝由现身的好时机。只听人脸雄鸡身的凫徯[14]一声大叫，高亢的啼鸣响彻天际，混战中的群兽打了个激灵，都停下来望向海滨，眼前的景象让他们终生难忘：上有羽翅各异的飞鸟，下有形态各异的走兽，水边还有水兽怪鱼，正中的半空悬停着一

---

7　酸与：景山，有鸟焉，其状如蛇，而四翼、六目、三足，名曰酸与，其鸣自詨（jiào），见则其邑有恐。《山海经·北山经》

8　猾褢（huái）：尧光之山，有兽焉，其状如人而彘鬣，穴居而冬蛰，其名曰猾褢，其音如斫木，见则县有大繇。——《山海经·南山经》

9　穷奇：邽山，有兽焉，其状如牛，猬毛，名曰穷奇，音如獋狗，是食人。——《山海经·西山经》

10　孟槐：谯明之山，有兽焉，其状如貆而赤毫，其音如榴榴，名曰孟槐，可以御凶。——《山海经·北山经》

11　蛊雕：鹿吴之山，上无草木，多金石。泽更之水出焉，而南流注于滂水，水有兽焉，名曰蛊雕，其状如雕而有角，其音如婴儿之音，是食人。——《山海经·南山经》

12　虎蛟：祷过之山，泿（yín）水出焉，其中有虎蛟，其状鱼身而蛇尾，其音如鸳鸯，食者不肿，可以已痔。——《山海经·南山经》

13　鮨鱼：北岳之山，诸怀之水出焉，而西流注于嚣水，其中多鮨鱼，鱼身而犬首，其音如婴儿，食之已狂。——《山海经·北山经》

14　凫徯：鹿台之山，有鸟焉，其状如雄鸡而人面，名曰凫徯，其鸣自叫也，见则有兵。——《山海经·西山经》

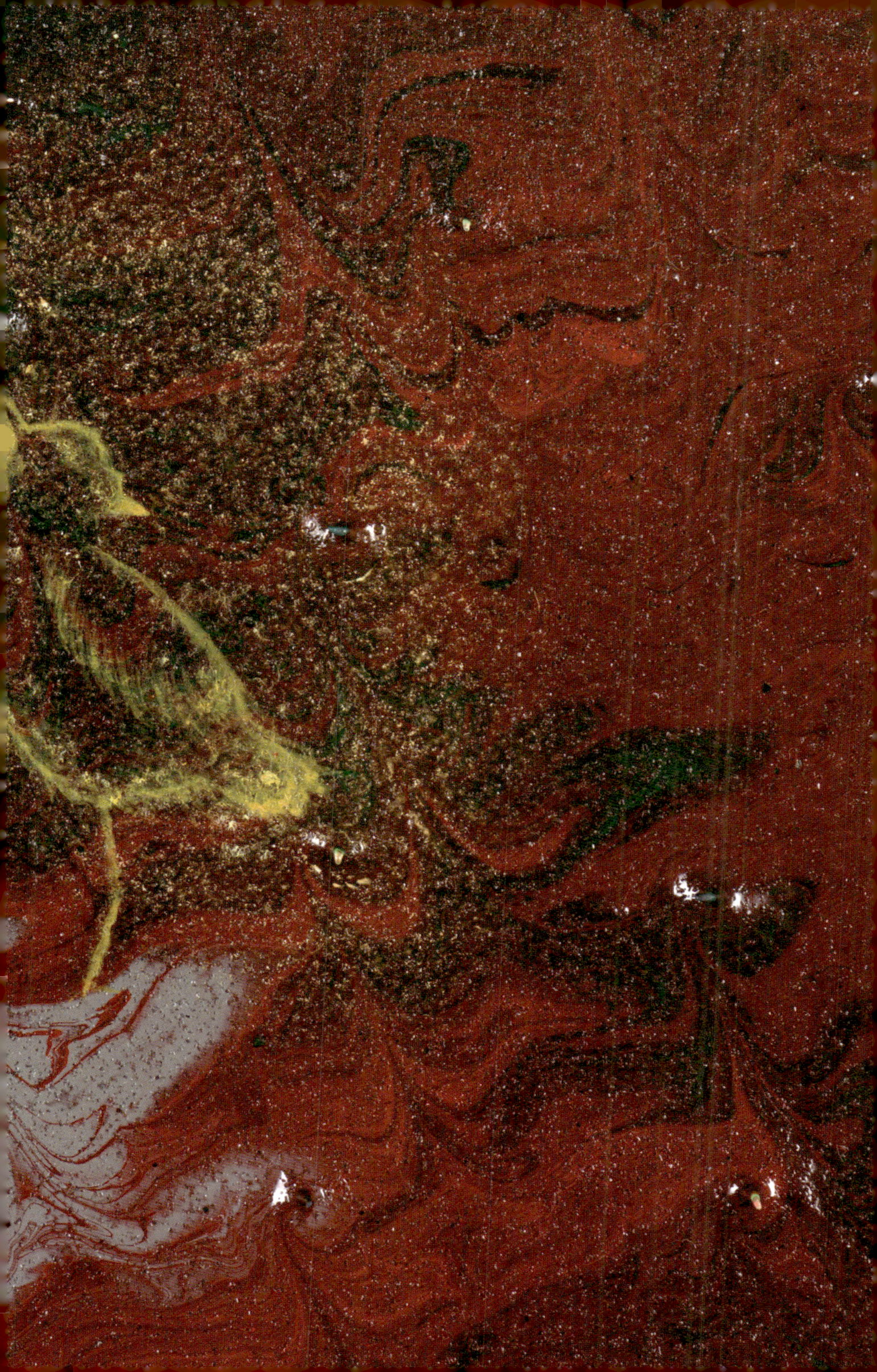

只六足四翼无头无脸的神兽，骑在神兽上的是一个头戴花冠的人。远远地看不清人脸，只看到乌发随风飞舞，他眼睛的光芒明亮灼灼。

祝由手中有一面旗，他举起旗帜，口中发出指令。便有四翅六眼三只脚的酸与飞过来，巨大的翼翅掠过战场，六只眼瞪视东南西北各方位，顿时每头兽都觉得自己被盯上了，恐慌像风一样刮过来。紧接着居然真的起风了，原来是祝由把旗向前一指，人脸狗身的山狎[15]一跃而起，闪电般冲进群兽之中，一下子带起了猛烈的飓风。白猿和狌狌两族反应最快，呼哨一声示意群兽四散逃窜，不料真正的攻击比他们预想的还快，一队独脚长嘴的毕方鸟[16]飞临上空，呼呼数声便齐刷刷向地面喷火。被烧到的虎豹熊罴打着滚儿号叫，体形大的犀牛大象奔跑起来，体形小的狼狐则找地儿躲藏，白猿和狌狌熟知附近有一条丽麢河[17]，遂纷纷往河边逃去。但丽麢河与西海通，

---

15　山狎（huī）：狱法之山，有兽焉，其状如犬而人面，善投，见人则笑，其名山狎，其行如风，见则天下大风。——《山海经 · 北山经》

16　毕方鸟：章莪之山，有鸟焉，其状如鹤，一足，赤文青质而白喙，名曰毕方，其鸣自叫也，见则其邑有讹火。——《山海经 · 西山经》

17　丽麢（jǐ）河：招摇之山，丽麢之水出焉，而西流注于海，其中多育沛，佩之无瘕疾。——《山海经 · 南山经》

早有两身一头的肥遗[18]组成队列，守在入海口，一声令下齐齐吸起水来，少顷丽麐河便干涸见底。

白猿和狌狌两族的族长情知不妙，此时哪里还计较过往恩怨，齐齐发一声喊，带领群兽向前狂奔，意图冲击祝由的队伍。祝由把旗在空中一卷，大喝一声，他的队伍也动起来。马身鸟翼人面蛇尾的孰湖[19]是先锋，一字排开横在前列，他们擅长把对手举起来，冲过来的兽类纷纷被这样扔开。五尾一角身如赤豹的狰是左队，牛身人脸马蹄的红色窫窳是右队，从空中俯瞰，正如两道移动的红色围栏，把庞大的兽群包抄起来。中间正面作战的有两队：一队由牛身人脸的窫窳带领，队伍由外形似羊却无口的䍺[20]组成，他们横冲直撞肆意踩踏，最大的优势是任何猛兽都杀不死他们；另一队由举父[21]带领，他与猕猴相似，兼有虎豹的特征，擅长投掷杀敌，所向披

18 肥遗（蛇）：浑夕之山，有蛇一首两身，名曰肥遗，见则其国大旱。——《山海经·北山经》

19 孰湖：崦嵫之山，有兽焉，其状马身而鸟翼，人面蛇尾，是好举人，名曰孰湖。——《山海经·西山经》

20 䍺（huàn）：洵山，有兽焉，其状如羊而无口，不可杀也，其名曰䍺。——《山海经·南山经》

21 举父：崇吾之山，有兽焉，其状如禺而文臂，豹虎而善投，名曰举父。——《山海经·西山经》

## 蛊雕

鹿吴之山，上无草木，多金石。泽更之水出焉，而南流注于滂水，水有兽焉，名曰蛊雕，其状如雕而有角，其音如婴儿之音，是食人。

靡，其队伍虽比较杂，但皆凶猛异常，白头朱厌[22]、四角土蝼[23]、诸怀[24]、猾褢、狍鸮、穷奇、孟槐……

混沌载着祝由在低空巡视，指挥钦原[25]掠阵，讙疏[26]开路。钦原外形像蜂，却如鸳鸯一般大小，看见有漏掉的兽类，便飞过去蜇死。讙疏擅长辟火，可保自己的队伍从火中经过也无虞。

这一场山海大战早惊动了天上诸神，那尚有余力驾云的便立在云端观看，眼见得昔日那些异兽怪鸟竟在祝由手中练成了一支强兵，把桀骜暴虐的群兽一一收伏，大平原上渐渐恢复平静，世间万兽俱俯伏在人族之祖的脚下。神帝自忖,若神族与这支队伍遇上,只怕也难善了，他一声长叹，降下神谕一道，自九霄飘摇而落，在山海间缓缓诵读：

---

22　朱厌：小次之山，有兽焉，其状如猿，而白首赤足，名曰朱厌，见则大兵。——《山海经·西山经》

23　土蝼：昆仑之丘，有兽焉，其状如羊而四角，名曰土蝼，是食人。——《山海经·西山经》

24　诸怀：北岳之山，有兽焉，其状如牛而四角、人目、彘耳，其名曰诸怀，其音如鸣雁，是食人。——《山海经·北山经》

25　钦原：昆仑之丘，有鸟焉，其状如蜂，大如鸳鸯，名曰钦原，蠚鸟兽则死，蠚木则枯。——《山海经·西山经》

26　讙（huān）疏：带山，有兽焉，其状如马，一角有错，其名曰讙疏。——《山海经·北山经》

地之所载，六合之间，四海之内；

照之以日月，经之以星辰，纪之以四时；

神灵所生，其物异形，唯圣人能通其道。

斯时杀声已息，天清地明，祝由伫立在光华四射的迷榖树[27]下，接受万千鸟兽的朝拜。世间生灵再次各归其序，那些因变数而生的异兽也纷纷获封，或坐拥某处山林，或奉为山神水神。此后，在漫长的人族历史中，人面兽身、三头六臂、九尾四翼等志怪神话也将传之久远。

一切自山海始，也终将湮灭于山海间。

---

27 迷榖树：有木焉，其状如榖而黑理，其华四照，其名曰迷榖，佩之不迷。——《山海经·南山经》

奇肱之国，刑天与帝至此争神，帝断其首，葬之常羊之山。……女祭、女戚在其北，居两水间，戚操鱼䱇（shàn），祭操俎。

——《山海经·海外西经》

# 女祭女戚

方如梦

## 1

荒原上阴冷的风吹过，黑色且深不见底的两条河流在风中缓慢地流动着。

巫女戚轻轻放下手中的鱼䱂，转头看着鸜鹆[1]，这鸟带来的消息让戚嘴唇发白，双手微微颤抖。

站在一旁的巫女祭见状握着俎走了过来，不解地看着戚。戚振臂，鸜鹆一惊而飞。戚看着慢慢飞远的鸜鹆，牙齿狞厉地厮磨出几个字："主上失败了。"

祭脸色一变，睁大眼睛看着戚问："什么？"

戚的脸色如眼前荒原上的水流一般黢黑幽深："主上与帝争神位失败了。他被天帝所杀，他的头被埋在了常

1　鸜鹆：又原之山，其阳多青雘，其阴多铁，其鸟多鸜鹆。——《山海经·中山经》

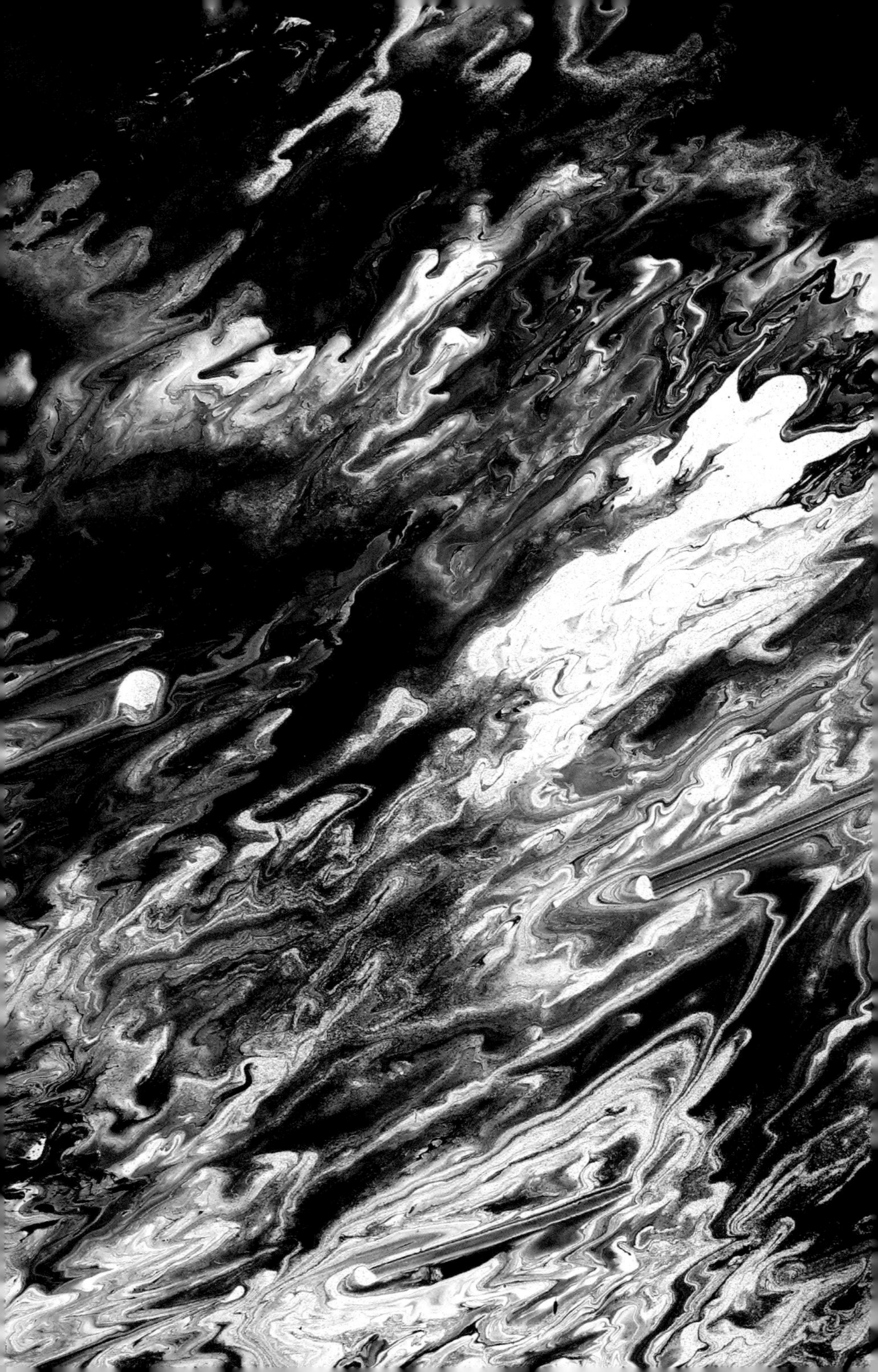

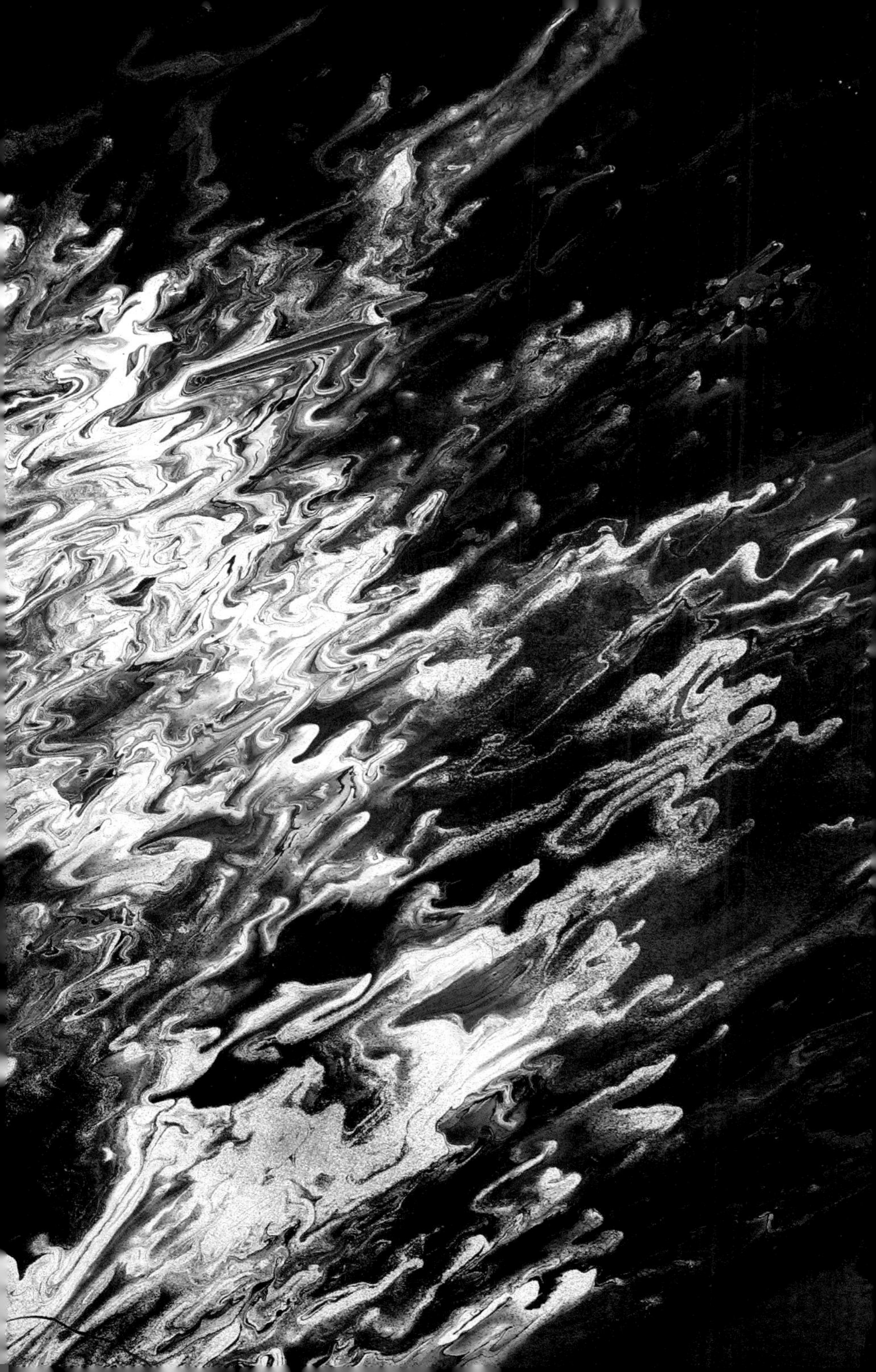

羊山。失去了头颅的他，也从此失去了名字，他们叫他刑天[2]。没有了头颅的他却以乳为目，以脐为口，操干戚以舞。祭，你能想象出他现在的模样吗？”

祭没有吭声，额上青筋跳动，眼睛也因着悲伤和愤怒越睁越大，直到眼眶裂开。裂开的伤口中慢慢流下深红色的血液，一滴一滴落在手中的俎上。俎中突然间冒出一片红色的血雾，一群青黄色长着人脸的鶬鸟[3]在血雾里尖叫着飞出，冲向常羊山，黑压压的翅膀盖住了太阳。

戚凝视着鶬鸟飞去的方向，将鱼鉏双手捧起，厉声道：“祭，哭有什么用？这血债须得血来偿。”

祭咬牙看着戚：“怎么偿还？”

戚的声音就如这荒野的水流一样冰冷：“痛失亲人的滋味，高高在上的帝怕是没有品尝过。我们就让他尝一尝如何？”

祭的嘴角扯出一丝毫无温度的笑意，两道血痕在苍白的脸上显得诡秘而可怖：“对啊，我们痛失了主上，帝也得失去他最喜爱的儿子才是。窫窳神俊朗飘逸，平时

---

2 刑天：奇肱之国，刑天与帝至此争神，帝断其首，葬之常羊之山。乃以乳为目，以脐为口，操干戚以舞。——《山海经·海外西经》

3 鶬（cì）鸟：鶬鸟、鸇（zhān）鸟，其色青黄，所经国亡。在女祭北。鶬鸟人面，居山上。——《山海经·海外西经》

深得帝心，若是他死了，怕是萆荔草[4]也治不了帝的心痛。"

戚缓慢地点头："那就窫窳神吧。让我想想，谁能杀了风流的窫窳神呢？是以果勇闻名的贰负[5]神吗？"

祭拿起俎，俎中混合了血液的液体慢慢变得透明，一张脸渐渐地浮现出来。祭伸长舌头缓缓舔了舔脸上的鲜血，盯着俎中的脸道："昨天女丑[6]偷偷来你这里许愿，她到你这里是求谁的爱情？"巫女戚与祭，戚掌管爱情，祭掌管死亡。

戚轻轻呼出了一口气，荒原上的冷风突然间变得狞厉起来，吹动祭与戚深黑色的衣袍："窫窳神。平凡无奇的女丑爱上了风流倜傥的窫窳神。祭啊，你掌管死亡，不明白这爱情的混乱。女丑是贰负神最爱的女人，而她又深深爱着窫窳神。"

祭的笑容阴冷冰凉："混乱的爱情是通向死亡最快的路径。戚啊，我们得好好帮一帮女丑，让窫窳神的死亡来得快一点，让帝的痛苦也来得快一点。"

---

4　萆荔草：小华之山，其草有萆荔，状如乌韭，而生于石上，亦缘木而生，食之已心痛。——《山海经·西山经》

5　贰负：贰负之臣曰危，危与贰负杀窫窳。帝乃梏之疏属之山，桎其右足，反缚两手与发，系之山上木。——《山海经·海内西经》

6　女丑：女丑之尸，生而十日炙杀之。——《山海经·海外西经》

## 刑天

刑天与帝至此争神，
帝断其首，
葬之常羊之山，
乃以乳为目，
以脐为口，
操干戚以舞。

戚踩在风上笑了，黑色衣袍猎猎飞舞："通向死亡的爱情一定会伤害很多人。一想到帝会失去这么多，我真是开心。"

## 2

贰负一把拽住女丑青色的衣裙问："你干什么去？"

女丑甩开贰负的手："哎呀神主，你拉我做什么？我兄长危[7]是你的臣下，我又不是。我去哪里要你管？"

贰负不吭声，深不可测的眼眸却看向女丑的手中："你手里拿着的是什么？是荀草[8]吗？你拿这草做什么？"

女丑脸上一红，转身就要走："懒得跟你多说。"

贰负皱眉道："荀草服之美人色，可惜不长久，朝夕之间又得变回来。这草只在青要山上有。青要山那么远，荀草又极为稀少，这株想必得来不易，到底是谁给你的？"

女丑一跺脚："不就是一棵荀草嘛，有人愿意给我，不行吗？"

贰负凝视着女丑，低声说："你在我心中眼里，就已

---

7　危：见5。

8　荀草：青要之山，有草焉，其状如葌（jiān），而方茎黄华赤实，其本如藁木，名曰荀草，服之美人色。——《山海经·中山经》

经是最好看的，却又何必吃荀草。”

女丑却并没有听见这话，只是看着远处拍手笑了：“那阵风是窫窳神的风，果然他今天会去诸沃之野，戚没骗我。我不跟你说了，我去找窫窳，你别跟来呀。”

说着，女丑乘风而去，青衫在风中翩然飞舞。

贰负脸色一冷，随即皱眉，喃喃自语道：“戚？巫女戚？女丑找她做什么？”

3

巫女戚端着鱼鲍，脸隐藏在黑色的衣袍中看不清楚。“女丑找我，自然是来许愿，神主对此有什么意见吗？”

贰负正襟危坐：“请问女丑到底许了什么愿望？”

戚桀桀地笑了，笑声刺耳，像极了那不祥的鵟鸟的叫声：“神主，巫女若是将别人许的愿望随意乱说，怕是不合适。”

贰负板着脸：“女丑迟早都会是我的女人，你跟我说，没有什么不合适。”

戚叹了口气，气息吹过荒原，一群鵟鸟嘶叫着飞了起来：“那神主的愿望怕是要落空了。女丑许愿要得到窫窳神的心，我也答应了要帮她。”

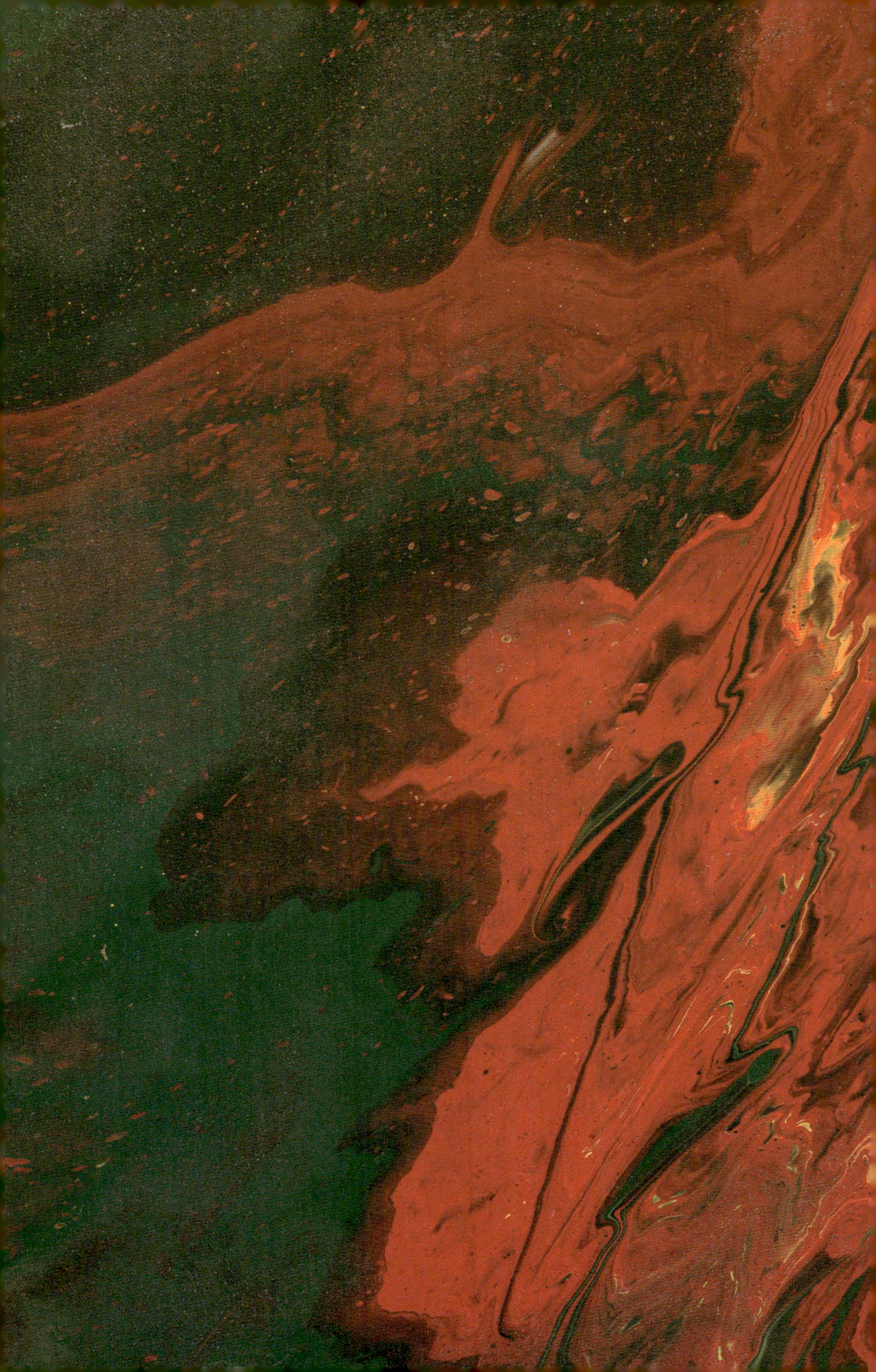

贰负的脸色变得阴暗。

沉默回荡在荒原的河流上空，只有潺潺流水的声音在风中嘲笑。

戚用嘴唇轻轻碰了碰鱼䰽：“神主还有什么要问的吗？如果没有，还请回吧。我是巫女，替别人实现愿望是我的职责。”

贰负突然抬头，眼神犀利：“你怎样帮她得到窫窳？那家伙风流好色，女丑的样貌平凡不入他的眼，他怎会爱上女丑？”

戚隐藏在黑暗中的脸又发出桀桀的笑：“那就让女丑变美吧。”

贰负冷哼：“那荀草想来是你给女丑的？荀草效果不长久，若是失效了，窫窳那家伙仍然会抛弃女丑。”

戚不吭声，慢慢用脚踩着冷风站在了河流上空，黑色的衣袍笼罩出一片巨大的阴影。戚弯下身，黑色的河水缓缓向上注入鱼䰽：“神主问得太多了。我是巫女，只管帮人实现愿望，至于愿望的后果，那是你们自己的事情。”

## 4

贰负咬紧牙关看着巫女祭。

祭拿着俎，看着贰负：“戚与我虽同为巫女，然而我与她所能并不相同。戚执掌爱情，我执掌死亡。女丑求爱情，戚帮她实现，这中间并无不妥。”

贰负站立良久，缓缓道：“那为何女丑从诸沃之野回来之后找的人是你而不是巫女戚？”

祭的脸在黑袍中看不分明：“爱情与死亡，本来就是姐妹。”

贰负脸色变了：“她到底要求了什么？她到底怎么了？”

祭的笑声如鸾鸟：“爱情是贪婪，得到了就会想更多，永不餍足。神主爱着女丑，这种心思，神主大概比谁都明白。”

贰负紧紧握拳，骨节发白：“她想得到窫窳的心，为何来求执掌死亡的你？”

祭的叹息阴冷地吹过荒原，吹过河流：“因为窫窳说了，他怎么可能爱上女丑，这心愿根本就不可能实现，除非女丑能在十日灼烤之中待上一天。”

贰负脸色大变：“能让十个太阳一起出来绝非易事。更何况十日并出之时，便是火海一片。女丑怎能抵挡这般灼烧？”

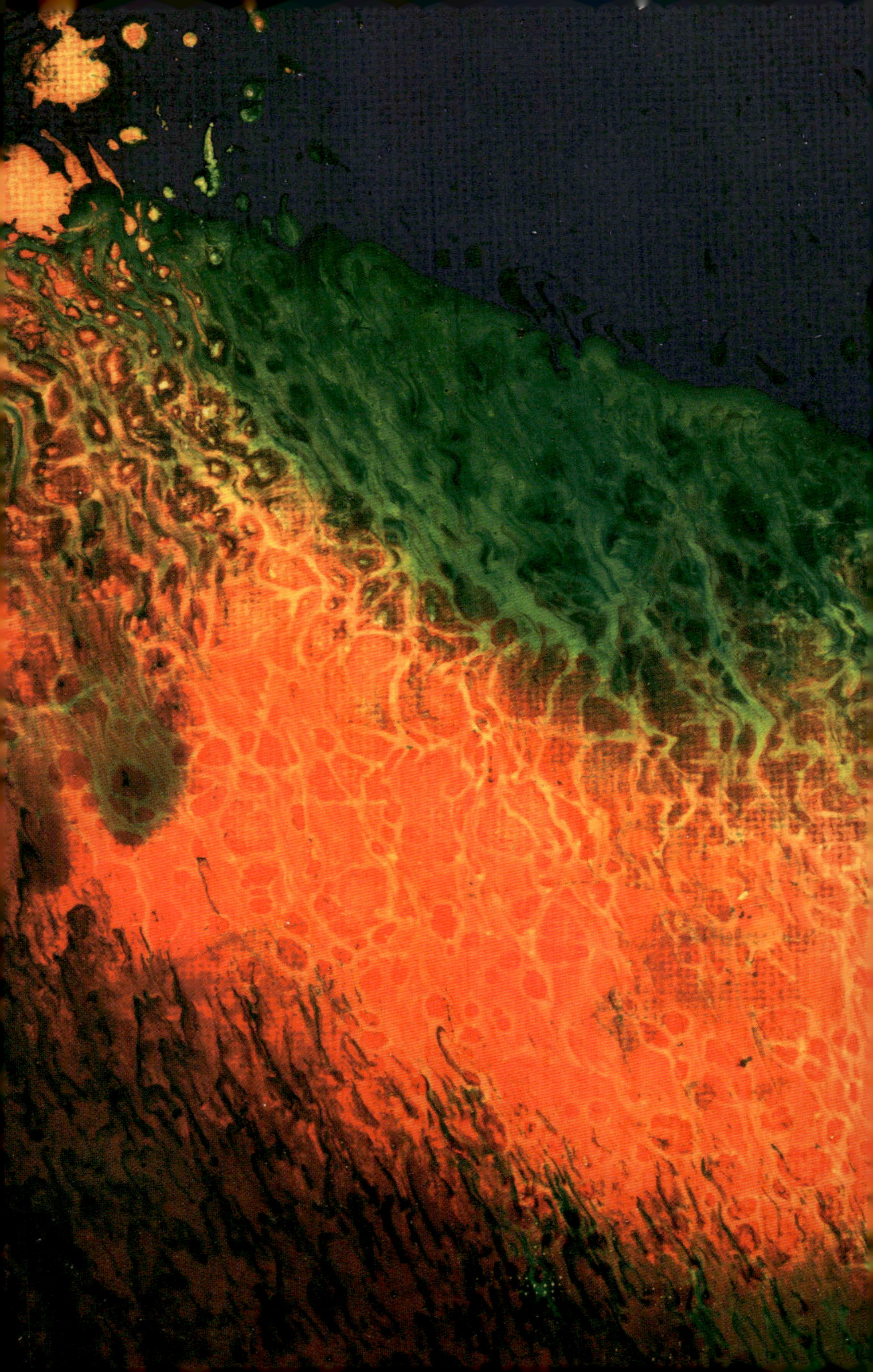

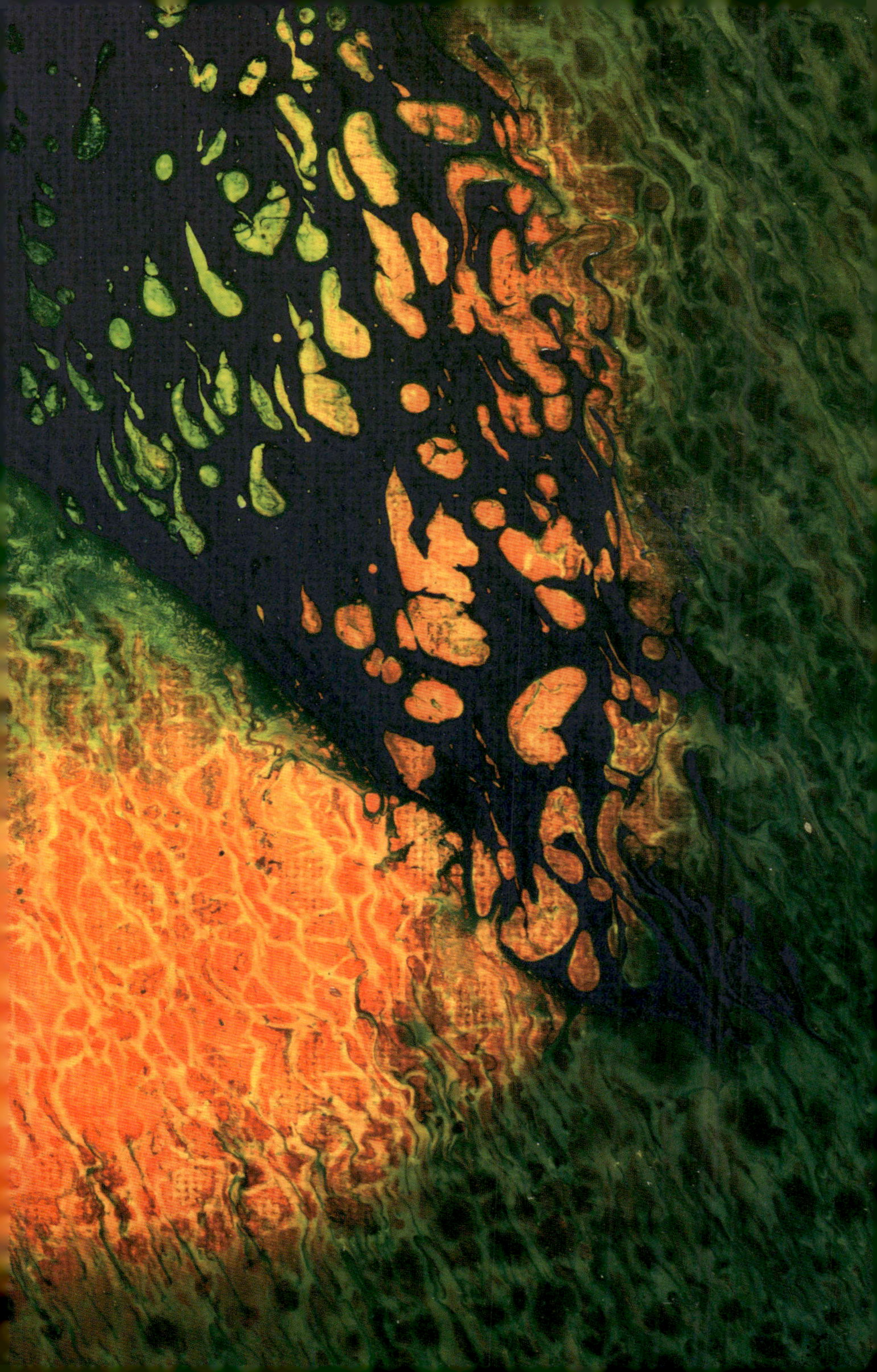

祭在黑袍下的笑声桀桀刺耳："巫女戚与祭合力自然能令十日并出。戚与祭为了实现女丑的愿望，耗费了多少心力。说起来神主应该好好谢谢我们才是。"

一阵狂风卷过，贰负在狂风中掠过荒野飞向山上。

5

十日灼烤后的山上犹如火海。火海之中，躺着一具女人的尸体，青色衣裙被炙烤得几乎褪色。女子用衣袖遮着脸，看不出面容。

贰负轻轻拉开女子遮着脸的手，手被太阳烤得干枯如树枝。

女子的脸露了出来，明艳如朝霞，然而这美丽的脸慢慢变了，荀草的功效终于消失了，女丑原本的样貌露了出来，随后便在这一片炙热中干枯萎缩。

贰负痛苦的喊声在山上久久回荡："窫窳，我誓杀你为女丑报仇！"

6

鹦鹉的话嘈杂混乱："贰负带着女丑的兄长危，两个合力杀了窫窳。帝大怒，把他两个锁在疏属山上，桎其右足，反缚两手与发，系在山上磐石之下。”

祭低头看着手中的俎，俎中似乎有东西在蠕动：“这样啊，原来是这样啊。混乱的爱情果然是通向死亡最快的路径。帝可伤心哭泣？”

鹳鸲的聒噪伴随着漆黑的河流拍打荒原的声音：“帝流着泪把窫窳的尸体带到了开明之东，让巫彭、巫抵、巫阳、巫履、巫凡、巫相拿着不死之药正在救呢。”

戚站在风上，黑色的衣袍猎猎飘动：“纵然有不死药，以他们六巫[9]的灵力，怕也是难救。”

祭的嘴角扯起一抹笑容：“如果是这样的话，咱们也一起去出出力气好了。”说罢突然间伸手抓住了正梳理羽毛的鹳鸲，鹳鸲连挣扎都没有便在祭的掌心中化作一摊脓血。

祭倾斜手中的俎，一点碧绿的液体慢慢倒了出来，滴在掌中脓血之上。脓血刹那之间凝聚起来，在祭喃喃的咒语声中化作一只怪鸟，长着三个头、六只眼睛、六只脚、三只翅膀，“鹇鸺[10]、鹇鸺”地叫骂着在冷风中飞了起来。

戚在嘴角扯出一丝阴恻恻的微笑：“帝既然让主上化

---

9　六巫：开明东有巫彭、巫抵、巫阳、巫履、巫凡、巫相，夹窫窳之尸，皆操不死之药以距之。——《山海经·海内西经》

10　鹇鸺（chǎng fū）：基山，有鸟焉，其状如鸡而三首六目，六足三翼，其名曰鹇鸺，食之无卧。——《山海经·南山经》

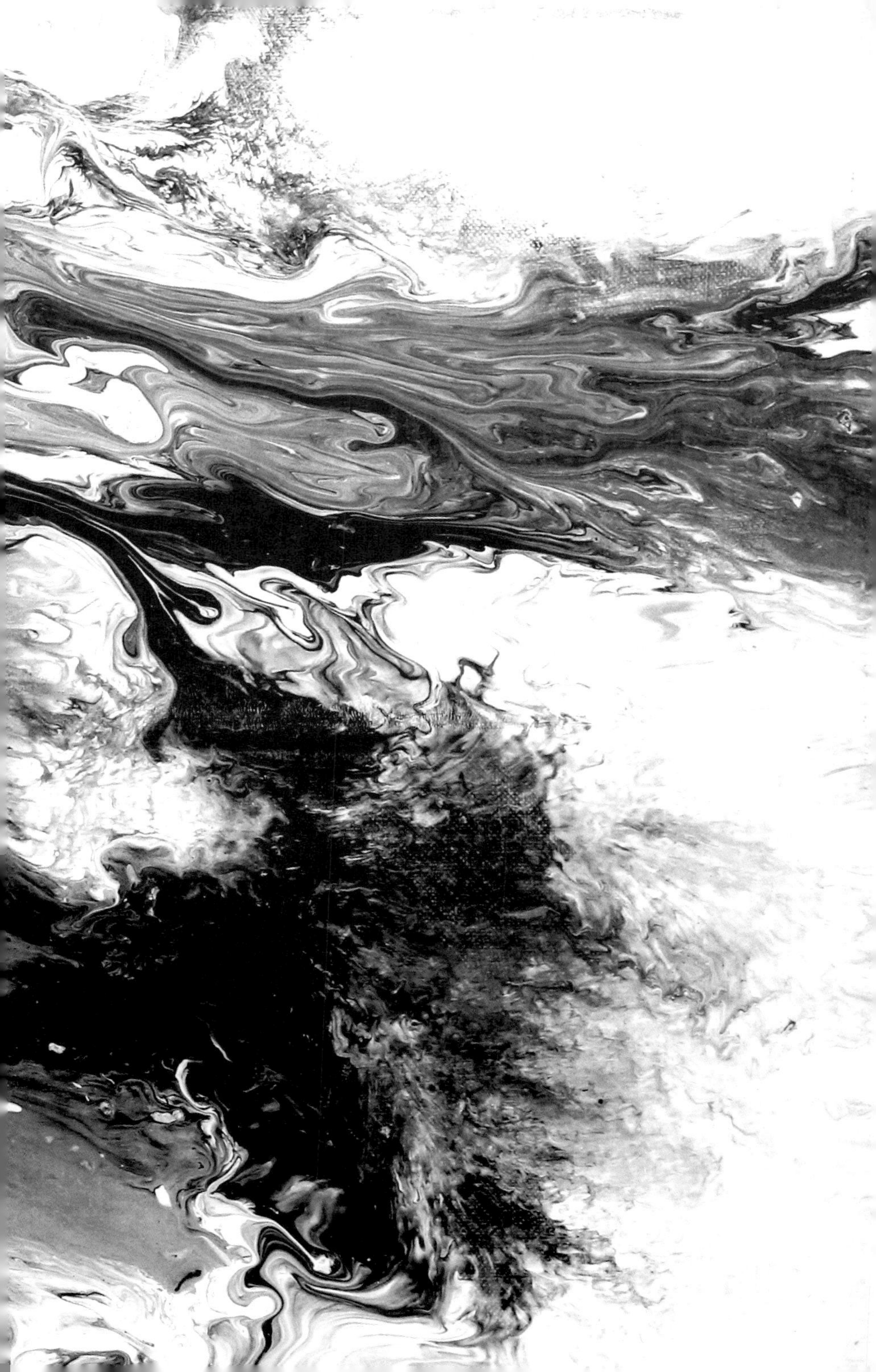

作了刑天而没死，那他的宝贝儿子窫窳咱们当然也是要救的。只不过嘛，我主上的头没了，只剩残躯操着干戚挥舞，这窫窳神当然也须付出点代价。咱们这就去凑凑热闹，帮那六巫一把，让窫窳复活后从此变个样子，当一个失去神识从此只知道吃人的野兽吧。”

祭与戚踏在荒原阴冷的风中，一群青黄色长着人脸的鵹鸟尖叫着随风飞向六巫医治窫窳的开明之东，黑压压的翅膀盖住了整个太阳。

有人名曰张弘，在海上捕鱼。海中有张弘之国，食鱼，使四鸟。

——《山海经·大荒南经》

# 张弘

方如梦

## 1

英招[1]在半空中伸展翅膀，看着海上的张弘。

天气晴好，海风微咸。

张弘赤脚踏在翻滚的雪白海浪上，眼睛盯着海里的鱼，头也不抬地问：“你不在槐江山上好好养花种草，跑到这里干什么？”

英招发出如榴般的笑声：“我来传帝的旨意。”

张弘叹了口气，直起身来，抬头看着半空中的英招。英招那马身上斑驳的虎纹在蓝天碧海之间倒是威风好看。

张弘眯了眯眼睛说：“帝又要去打谁了？上次鼓与钦

---

1 英招：槐江之山，实惟帝之平圃，神英招司之，其状马身而人面，虎文而鸟翼，徇于四海，其音如榴。——《山海经·西山经》

䲹[2]联手杀了葆江之后，帝让我跟你两个联手平叛，那场争斗几乎要了我的命。我本想着跑到这大荒之南总该能过两天太平日子，谁想到你又来了。你去跟帝说，张弘被鱼妇[3]吃了，没找到。”

英招榴榴地笑：“看你那胆小怕事的样子，鱼妇在大荒之西，你两个离得这么远，他又没腿，怎么跑来吃你？再说了，谁不知道那鱼妇自从复活之后就活得小心翼翼，整天食素养生，你这话别说帝了，到我这里就先行不通。”

张弘瞪了英招一眼，突然间双足一顿，脚下浪花滔天翻起，直卷向半空中的英招：“帝让你一个看花圃的找我一个打鱼的商量征战杀伐之事，你难道就没有说过此事不妥，不能领命吗？陆吾[4]、禺虢[5]这些个能打的这会儿都干什么去了？”

英招冷不防被泼了一身水，却也不着恼，笑吟吟地

---

2 鼓、钦䲹（pí）：钟山，其子曰鼓，其状人面而龙身，是与钦䲹杀葆江于昆仑之阳，帝乃戮之钟山之东曰㟜（yáo）崖。——《山海经·西山经》

3 鱼妇：有鱼偏枯，名曰鱼妇。颛顼死即复苏。风道北来，天乃大水泉，蛇乃化为鱼，是为鱼妇。——《山海经·大荒西经》

4 陆吾：昆仑之丘，是实惟帝之下都，神陆吾司之。其神状虎身而九尾，人面而虎爪。是神也，司天之九部及帝之囿时。——《山海经·西山经》

5 禺虢（hào）：东海之渚中，有神，人面鸟身，珥两黄蛇，践两黄蛇，名曰禺虢。——《山海经·大荒东经》

抖了抖身上的水珠，水珠飞溅在阳光下，五彩耀眼，煞是好看。

英招冲着尚在恼火的张弘笑了："你看你这个急性子，我又没说帝的旨意到底是什么，你着什么急？"

张弘冷哼："帝找我从来就没什么好事。"

英招笑："这次真的是好事。帝要请夏后开[6]在大乐之野听《九代》。神曲《九代》轻易不演奏，帝说既然好不容易奏一次，就让我多找些人来一起听，大家一起热闹热闹。我想着你蹲在这大荒之南整天风吹日晒地打鱼也没个什么乐趣，不如一起去听听？"

张弘摸了摸下巴："夏后开？我就搞不明白了，帝那么喜欢他做什么，这都是第三次请他来了吧？"

英招扇了扇翅膀，神秘兮兮地压低了嗓门道："你难道没发现这夏后开的样子有些个像窫窳当年的样貌吗？"

张弘叹息："窫窳神当年风流英俊，深得帝心，谁想却被贰负之臣杀了。都想着昆仑六巫带着不死药定能起死回生，哪承想窫窳复活之后竟神智迷乱，硬生生变成个只知道吃人的野兽，这中间也不知道哪里出了岔子，

6　夏后开：西南海之外，赤水之南，流沙之西，有人珥两青蛇，乘两龙，名曰夏后开。——《山海经·大荒西经》

## 英招

槐江之山，实惟帝之平圃，神英招司之，其状马身而人面，虎文而鸟翼，徇于四海，其音如榴。

我见了他现在的样子都替帝伤心。”

英招抖了抖尾巴，不置可否：“旨意已经传到了，你我大乐之野再见吧。”

说罢，英招的翅膀扇动了起来，狂风乍起，海水汹涌，张弘脚下不稳，一个猛子扎在了海水中，很是呛了两口水。

## 2

张弘看着孤单单独坐一隅的昆仑六巫。自从窫窳被复活后神志不清，不仅帝为之震怒，而且众神也都纷纷质疑六巫的能力。六巫到现在走路都不敢抬头，落座也在偏僻处，只怕被众人发现。

虽然六巫不想找事，事却自己长腿找到六巫。耳朵上戴着蛇的弇兹[7]隔着驱风的因因乎[8]大声笑着冲六巫嚷嚷：“喂，我说巫彭，你们那不死药不是西王母[9]给的吗？西王母的不死药百试百灵，怎么到你们手里就出了问题？”

---

7 弇兹：西海陼中，有神人面鸟身，珥两青蛇，践两赤蛇，名曰弇兹。——《山海经·大荒西经》

8 因因乎：有神名曰因因乎，南方曰因乎，夸风曰乎民，处南极以出入风。——《山海经·大荒南经》

9 西王母：西王母其状如人，豹尾虎齿而善啸，蓬发戴胜，是司天之厉及五残。——《山海经·西山经》

弇兹的声音随着因因乎吹出来的风飘得到处都是，众神齐刷刷地将目光对准了六巫。

巫彭的脸涨得通红，颤抖着嘴巴想要说什么，旁边巫抵拉了拉他的衣袖，摇了摇头。巫阳却忍不住大声说："我等六巫的力量自来有目共睹，那白民国的神兽乘黄[10]，便是因我六巫之故使乘之者寿二千岁，我等法力，怎么可能有问题？"

话音刚落，就听一个冷冷的声音说："巫阳这话的意思，是说我的不死药有问题吗？"

张弘听了声音，赶紧站起身来，却见豹尾虎齿的西王母不知何时到了，正冷冷地看着巫阳。

巫阳张口结舌，正想说话，只听钟鼓齐鸣，帝的辇车到了。

帝的目光扫过众人，定在张弘脸上："不愿在昆仑逍遥，宁愿海上风吹日晒。"

张弘双手接过五彩鸟[11]递过来的高前水浆一饮而尽，却是不言。

---

10　乘黄：白民之国在龙鱼北，白身被发。有乘黄，其状如狐，其背上有角，乘之寿二千岁。——《山海经·海外西经》

11　五彩鸟：有五采之鸟，相乡弃沙。惟帝俊下友。帝下两坛，采鸟是司。——《山海经·大荒东经》

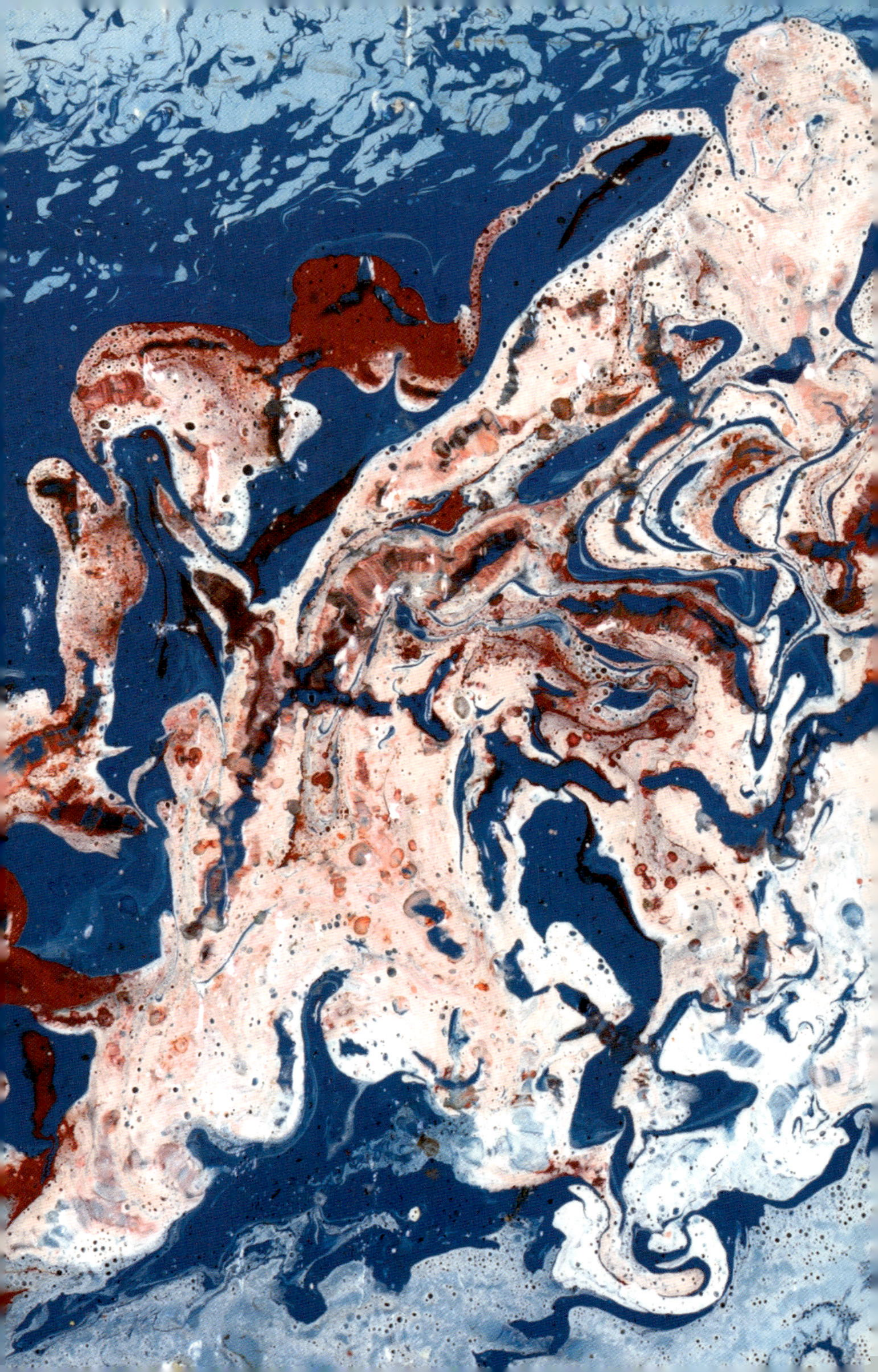

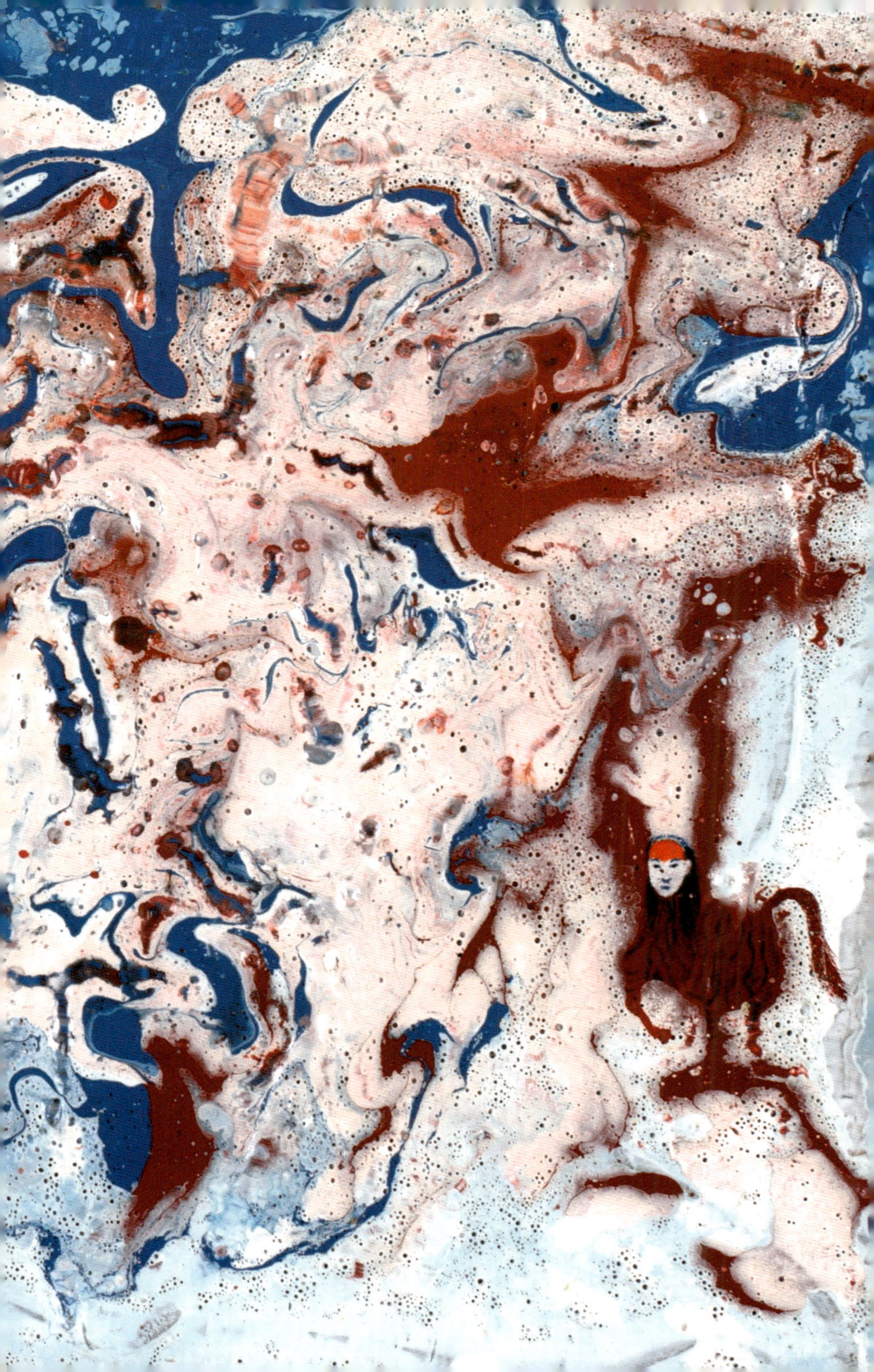

帝却也不再看他，转过目光，微笑道："客人来了。"

驾着两条龙飞腾在三重云雾之上，双耳戴青蛇的夏后开左手操翳，右手操环，身上佩玉璜，全身叮当乱响地飞驰而来。

不知什么时候到身边的英招低声道："真是花哨，帝喜爱的人怎么都这么花里胡哨的？"

张弘悄悄捅了捅英招，于是英招低眉闭嘴，只当没看见帝台上的怒目。

## 3

《九代》之曲悠扬飘洒，夏后开伸手打着拍子，闭着眼睛很是享受。

张弘的注意力却完全没有放在《九代》上，站在帝台两侧的两个巫女吸引了他的注意力。

巫女们身穿黑色衣袍，脸藏在衣袍里看不清楚。一个手捧鱼䱅，一个拿着俎。

张弘捅了捅摇头摆尾听曲的英招，悄声问："那两个是谁？"

英招眼睛微微抬了一下，随即又闭上了："是巫女戚和祭，一个执掌爱情，一个执掌死亡。"

张弘皱眉头：“她两个出现在这里干什么？”

英招被频繁打断，颇有些不耐烦：“还能干什么？赏乐呗。”

张弘定睛看着这两个巫女，心中不知为什么有些不安。

巫女的衣袍之间黑雾缭绕，在这神曲飞扬、众神迷醉的场合之中，很是不协调。

英招却突然间张开了眼睛，看着巫女低声道：“怪了，我没请她两个。她两个平时居于荒原两水之间，不大跟人来往，倒是从哪里得到的消息这会儿跑了来？”

张弘看着手捧俎的巫女，巫女的嘴唇似乎在微微嚅动。英招侧头：“她两个的嘴巴动来动去，难道在唱歌？”

## 4

巫女自然不是在唱歌，从嘴巴里发出的咒语声越来越强，周身黑雾也越来越重，直到这黑雾伴着突然间嘶喊出来的尖厉咒语弥漫了整个大乐之野。一群早已经被帝处了极刑的神在咒语的召唤声中突破了帝设下的屏障，突兀地出现在众人眼前。

《九代》突然间停了下来。

这突如其来的变化令所有人目瞪口呆、不知所措，

眼睁睁地看着人身牛蹄、四眼六手、头生尖角，一向与帝为敌的蚩尤在黑雾中冲向帝台。弇兹的惊叫和西王母的嘶吼混成一团，六巫抱头鼠窜，因因乎大口大口地吹着气，想要驱散这漆黑的浓雾，而那漂亮的夏后开早已尖叫着驾龙狂奔，不知去向。

帝被这混乱闹得不知所措，在高高的帝台上除了呐喊之外并无其他动作。英招却反应敏捷，早已扇动翅膀四蹄飞奔，连飞带跑地冲向帝台挡在帝的身前。黑雾之中，张弘惊讶地看见挥舞着干戚的刑天、贰负，甚至被他和英招杀死之后已经化作了鵕鸟的鼓和化为大鹗[12]的钦䲹，他们一个个都拼尽全力奋力嘶吼着。

全是乱臣贼子！

除了一贯与帝作对的蚩尤，剩下的全都是被帝诛杀抑或惩罚后心怀不甘的神主。张弘皱紧眉头，这些乱臣贼子如今怎么全凑到了一起而来？

不容细想，耳边风过，张弘猛地低头躲过了挟着风扑向自己的大鹗的虎爪，大鹗仰天长啸，声如晨鹄。张

12 鵕（jùn）鸟、大鹗：钦䲹化为大鹗，其状如雕而黑文白首，赤喙而虎爪，其音如晨鹄，见则有大兵；鼓亦化为鵕鸟，其状如鸱，赤足而直喙，黄文而白首，其音如鹄，见即其邑大旱。——《山海经·西山经》

弘并不恋战，趁着大鹗嘶吼，拔腿就往方才巫女站着的地方跑，却不防被鵕鸟兜头啄了一下，鲜血顺着头往下流，几乎糊了眼睛。

帝在台上的喊声尖锐刺耳：“张弘，莫要管这两只鸟，快来和英招一起护驾！”

此声一出，那反绑着刑具的相顾尸[13]操戈便挥向张弘，各种嘈杂的喊叫声在耳边响成一片。张弘左突右挡，忙作一团。

那巫女的声音却冰冷如蛇一般在大乐之野上飘荡，闯入张弘的耳中：“蚩尤骁勇，此战一起，必将绵延数年。帝啊，高高在上的你，有没有想过今日？”

张弘奋力拨开挡住自己的戈，扑向巫女声音传来的地方，却只抓住了一片衣角。

抬头，巫女在黑袍中的脸终于清晰地露了出来，惨白的脸平凡而普通，就算放在人类当中，也丝毫不起眼，然而眼中的恨意与笑意，却如寒冰一般刺进张弘的心中。

张弘大声嘶喊：“为什么？你为什么要这样做？”

巫女凝视着张弘，脚下的风冰冷刺骨，身边一群青

---

13 相顾尸：北海之内，有反缚盗械、带戈常倍之佐，名曰相顾之尸。——《山海经·海内经》

## 祝融

南方祝融，
兽身人面，
乘两龙。

黄色的鵹鸟叫声刺耳。巫女伸出苍白的手指着一个方向说："你看。"

张弘扭头顺着巫女手指的方向看去，那刑天正挥舞着干戚与蚩尤两个和满头大汗的英招斗在一处。

巫女声音如寒风："帝平日里杀伐果决，丝毫不在乎我等谏言，动辄不问缘由便处极刑，这些神主的心中早就充满冤屈与不满。神主们心中的不满积攒得太多了，便会慢慢地延开，哪怕神主已经被杀死，心中的怨恨最后也会形成这天地间的杀戮之气。"

张弘浑身一震，睁大眼睛看着巫女。

巫女眼中一片冰冷的恨，嘴角却扯出一丝诡异的笑容，低声对张弘说："我的主上，被帝砍了头，失去了名字，叫作刑天，他心中是有多少恨意和不甘才会在死后挥动干戚不休不止。其他那些被帝处死的或者被你亲手剿灭的神主，你猜猜他们心中又会有多少怨恨呢？我们加在一起的力量，你这次是否能帮助帝再次剿灭？"

## 5

满脸鲜血的张弘只觉得力量将要用尽，英招那边也好不到哪里去，浑身上下都淌着汗水和血水。然而胜败已分，纵有巫女相助，蚩尤和那些残缺着身体的神主终于还是寡不敌众，溃败了下来。帝大吼着："抓住他们，别让他们跑了，我要用四海之水淹死他们，用祝融[14]之火烧死他们！"

张弘抓着刑天，刑天浑身鲜血，用以为口的脐中兀自喃喃咒骂，那边被英招踩在脚底下的贰负之臣嘶声吼道："你罔顾我等情由，刑罚严苛，被你处死，我永不甘心！"

这吼声大如雷鸣，滚过处处狼藉的大乐之野。

张弘看着躺在地上奄奄一息兀自鹄鸣不已的钦䲹，心里突然厌倦到了极点。他已经杀了钦䲹一次，眼下就是第二次，难道还会有第三次第四次吗？蚩尤与受刑的众神主们没有半分悔改之意，而帝也没有丝毫宽恕之色。张弘一时觉得一切都毫无意义。

钦䲹化为大鹗，见则有大兵，果然如此。

巫女的咒语声在天地之间响起，大乐之野响起了一阵轰鸣，这轰鸣之声来自地底深处，来自天空远处，深不可测，远不可见，这是超越所有神主甚至帝在内的最原始的力量。

---

14　祝融：南方祝融，兽身人面，乘两龙。——《山海经·海外南经》

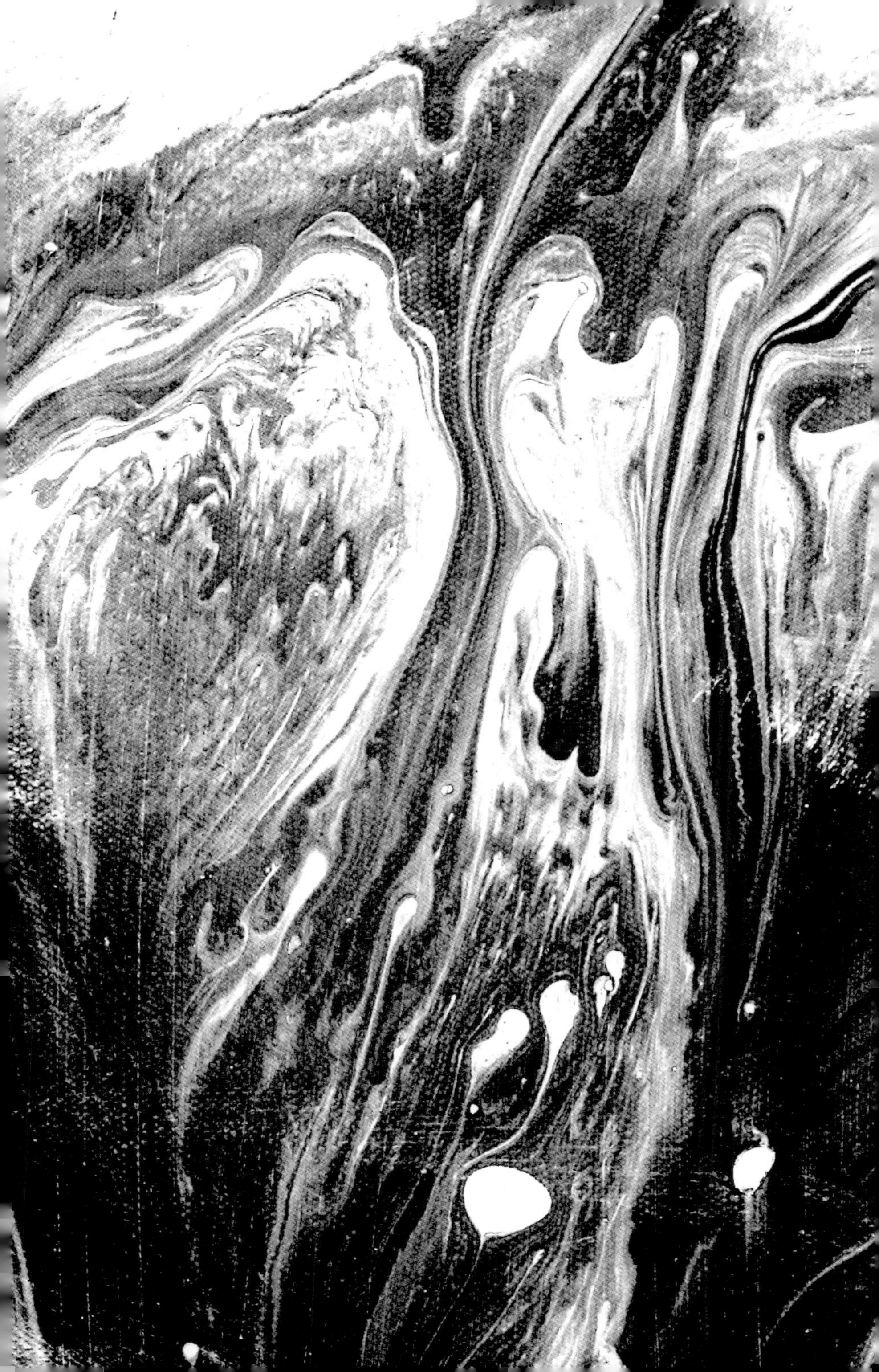

所有人都不由自主停下了动作，就在这一瞬间的停顿中，包括蚩尤在内的所有谋逆之徒全部化作一阵黑烟，蚩尤的怒吼声在大乐之野的上空回荡："枉你为帝君，却不顾我等情由，只一味刑罚严苛，着实有失公允。被你处死，我等永不甘心！今日虽败，他日我定让尔等尸横遍野，所辖之处生灵涂炭！"

张弘眼睁睁看着手中的刑天也化作一阵黑烟，伸手却不能抓住，黑烟散去，再无踪影。

帝皱眉凝视着一道道散去的黑烟，沉默良久，终于摇头道："我对他们虽处严刑，却始终留他们神识不灭，可他们不但不反悔，反而怪我刑罚严苛，这天地之间，公正两字何其难。眼下这一场大战，终是免不了了。张弘，留下助我。"

## 6

张弘沉默不语地赤足站在翻滚着的雪白海浪上。

英招在半空中伸展翅膀，看着海上的张弘。

英招说："那日你走了，帝很伤心失望。"

张弘沉默。眼睛却看着不远处的一座海岛。

英招顺着张弘的眼光看过去，便也沉默了。

良久，张弘说：“那个海岛叫张弘之国，国中之人食鱼，使四鸟。他们在这岛上平安康乐，我不想让他们因为我而卷入战事之中。”

张弘抬头看着英招。

英招的脸上不知为何，有了些悲戚之色。

张弘叹口气：“我早已厌倦征战杀伐，想来你也如此。与蚩尤的这一战凶险万分，不比往日，你不如跟我在这海岛上生活。我这岛上虽然没有槐江山奇伟瑰丽，倒也有些奇花异草，可以解闷。”

英招摇摇头，叹了口气道：“帝一向待我不薄，我不能在这个时候离开他。”

张弘沉默。

英招微微笑道：“等战事结束，我一定会在你这海岛之上搭个窝，顺便把槐江山的花草带来给你们这些岛民开开眼。”

说罢，英招不再看张弘，突然挥动翅膀转身离去，风乍起，海水汹涌地扑了张弘一脸。

张弘缓缓伸手抹去满脸的水，看着英招远去的身影，大声喊：“英招，你一定要活着回来呀！”

天气晴好，海风微咸。

少咸之山，有兽焉，其状如牛，而赤身、人面、马足，名曰窫窳，其音如婴儿，是食人。

——《山海经·北山经》

# 窦窳

阿兹猫

她看着眼前的人类。

这人像是一个猎户，身穿虎皮，腰挎弓弦。

猎户冷不防在这荒山上看见她，不由得愣了愣，半天没吭声。

她笑了。

在这少咸山中过了这么多年，食天地之灵气，集日月之精华，她也知道自己能幻化万物，化作区区人类那真是小意思。

猎户还是有些警惕地看着她。

也对，这光秃秃的荒山里面，突然间看见一个美貌少女，是个人都疑惑三分。

果然猎户问她："你是精，还是怪？"

什么叫精怪？

她摇了摇头，她不清楚人类这么些劳什子的定义都是什么，也懒得搭理，只是上下打量着猎户。

猎户看了看天色。

已近黄昏，满天云霞映在她的脸上，她化作人类的样貌应该是好看的吧，因为猎户的目光有些贪婪起来。

猎户问她："你是谁？为何一个人在山上？山上有怪兽食人，很是可怖。"

怪兽食人？

她皱了皱眉，不置可否。

那猎户一拍自己的脑袋："啊呀，看我，你是赵大户的妹妹赵明珠不是？"

什么？

这都是什么乱七八糟的？

猎户却开心地笑了："据说赵明珠前几天被怪兽掳上山，赵大户出了悬赏令，还说要是谁救了赵明珠，就把明珠妹子许配给谁，枉他们那帮蠢货找了那么许久没消息，没想到却在这里让我给碰见了，真是天上掉馅饼，踏破铁鞋无觅处！我这光棍打了二十多年，眼下终于要有媳妇了！"

她看着猎户如此兴高采烈，不由得也报以微笑。

猎户自己越想越开心，一伸手就来拉她："妹子，你跟我下山，等到了山下，咱们先去找你哥哥，然后拜堂成亲！"

下山？她不是很乐意。

于是躲开了猎户的手。

猎户伸手拉了个空，看看天色，有些着急："哎呀，你这好端端的没事还在山上转悠什么？太阳已经快下山了，等天黑了这山路就不好走了。"

她摇摇头，回身指了指自己的山洞。

猎户看了看山洞，又看了看她，再看了看已经沉下去一半的夕阳。

挠了挠头，猎户问她："你还有东西落在那里？等明天我们一起来取行不？乖，你别闹大小姐脾气，你且跟我下山去。等咱们下了山，让你哥哥准备些肥羊大鸭子，再准备些好酒，我跟你两个好好吃一顿。"

说着，猎户的肚子叽里咕噜地开始叫了。

猎户拍拍肚子，有些不好意思地笑："你看看，说着话就饿了。"

她听着这肚子叫的声音，便也觉得有些饿了。

拉了猎户的手，一转身，她朝山洞走过去。

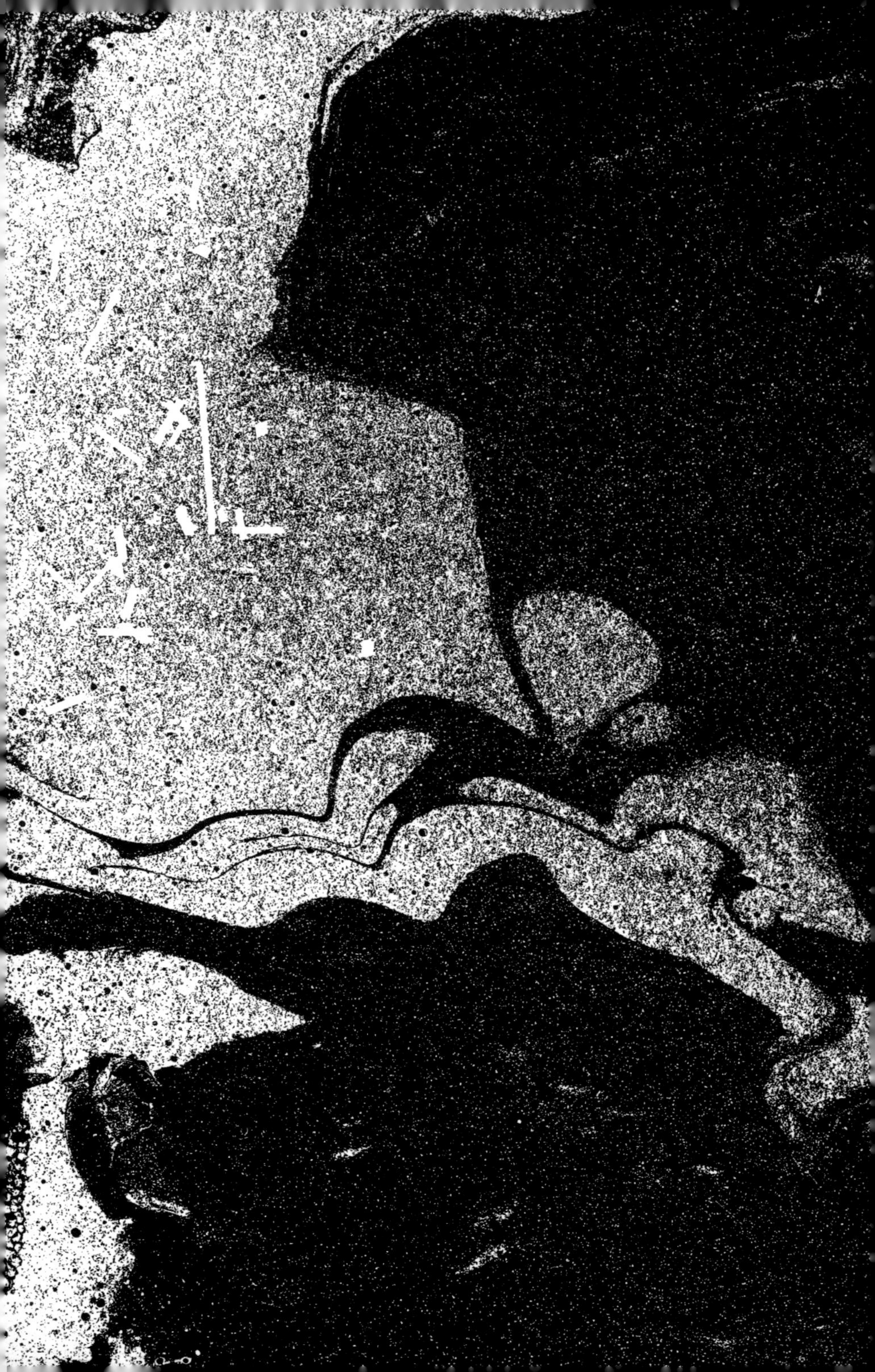

猎户大概是没想到她会主动拉自己的手，顿时眉开眼笑，顾不得肚子饿，开开心心跟着她往山洞里走，嘴上一面兀自絮叨："哎呀呀，真是个大小姐脾气。行，听你的，咱们这就去取东西，大不了今晚咱两个不下山了。等会儿我去看看有没有什么野味给你打一点，咱两个在山上凑合一晚上也还行。反正天色已经开始黑了，这会儿下不下山也就那样了……"

山洞里一片漆黑，猎户不由得停下了脚步。

她便也停下脚步，侧头看猎户。猎户松开她的手，从怀里取出火折子，说话声音隐隐带着些颤抖："我说，这里面都是什么味道，怎么闻着像是野兽住着的地方？这血腥味也忒浓了，你一个小姑娘家，能有什么东西落在这野兽窝里？"

火折子亮了起来，借着火光，猎户刚好看见了眼前的白骨。

白骨森森，除了头颅，身上还有些未吃完的肉。

看脸，是个十六七的小姑娘模样。眉心一点朱砂痣，分明是赵明珠悬赏令上画的那一颗，刚才怎么就没注意到她脸上没这颗痣？

猎户双腿顿时一软，转头看向她。

她慢慢躬下身子，四蹄着地，牛一样的身子在火光下微微发红，马一样的脚慢慢朝猎户走过来，唇角在微微笑着的脸上发出像婴儿一样急促的笑声。

希望吃了这个猎户之后，她就能够像人一样开口说话。

共工臣名曰相繇，九首蛇身，自环，食于九土。其所歍（wū）所尼，即为源泽，不辛乃苦，百兽莫能处。禹湮洪水，杀相繇，其血腥臭，不可生谷；其地多水，不可居也。禹湮之，三仞三沮，乃以为池，群帝因是以为台。在昆仑之北。

——《山海经·大荒北经》

# 相繇

谢晟

“相繇，你生来便作恶多端，为祸四方，如今更是破坏吾等治水之举，你已不容于世！”

相繇已布满了血痕的庞大蛇身此刻盘曲着，九张如小山一般的青色人脸俱露出凄然的表情。

“生来便作恶多端？为祸四方？哈哈哈！”相繇狂笑着，其笑声穿透云霄，尽传十里。

“大禹，你号称人族贤者，却也不过此般见识而已！”相繇的九张脸纷纷对着面前高举着剑，率领着数千士兵包围他的大禹怒吼着。

仅仅只是一吼之威，数千人族士兵竟是被震得浑身战栗，被这音波席卷，后退了十数步才堪堪止住身形。

只有大禹岿然不动，淡然地面对着相繇凶恶的目光。

“相繇，你的公道在这里，可人族的天下也在这里！”

## 相繇

共工臣名曰相繇，九首蛇身，自环，食于九土。

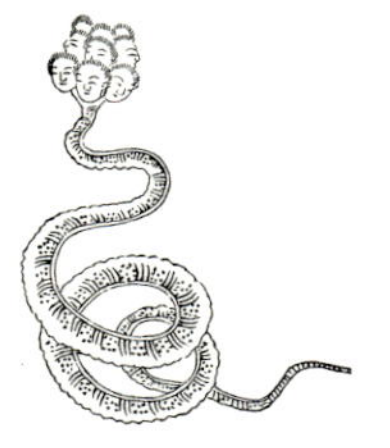

话毕，大禹拔剑斩向相繇。

相繇惨然一笑，闭上了眼睛，这一刻，它的眼前出现了从诞生起的一幕幕画面，就像重新活过一次一般。

数百年前，相繇诞生于一山间沼泽之地，不知父母，亦不知缘何诞生。

那时的相繇，身躯还没有那么庞大，蛇身与一柳树大小相仿，其九首亦非青面，而是宛若人类婴儿的脸一般稚嫩。

彼时，山间其余生灵见相繇九首蛇身，便以之为怪，故纷纷疏远，唤其为“怪”。

无人接近相繇，相繇很孤独。更无人指引相繇怎么长大，怎么生活，因此，相繇只能遵循着本能去生存。

它的第一感觉，便是饿。

初生的它懵懵懂懂，却也知晓生灵与死物不同，不该以之为食，于是它便吃目力所及最多，且不用争不用抢，也最不会扰到其他生灵的死物——土。

谁知，这一吃，便吃了百年。

百年里，相繇的身躯越来越庞大，吃的土也越来越多，起初只是吃一小把土，慢慢地，一餐便需体积如高楼般的泥土才堪堪能饱，最后更是成长为九首每一首皆能吃下一整个小山头才罢。

于是，相繇每吃一餐饭，便会毁了九座山生灵的栖息之地，更别提它不经意喷出的口水，会形成一个个有毒的沼泽，莫说人族，就连野兽接近了也会中毒身亡。

因此，相繇又有了新的名字，叫“难”。

不论何种生灵，从此都视相繇为灾难，畏而避之，厌而远之。

相繇更加孤独了，可随之而来的不仅仅是孤独，人族中开始有所谓的义士声讨相繇，认为相繇生来便会毒害万物之生灵，就不配活着，该早早死去才是。于是，又有更多的所谓人族勇士聚集在了一起，组队前往诛杀相繇。

相繇不想伤人，或者说不想伤任何一个生灵，所以它只是远远地避开。可这一行为在人族勇士们的眼里却成了逃，勇士们笑了，认为相繇怕了他们。于是勇士们更加肆无忌惮地组队征伐相繇，甚至于那些不怎么勇敢、只想沽名钓誉的人也加入了其中。

浩浩荡荡的人族大军追杀着相繇，终于，身躯庞大的相繇避无可避，与人族交锋。争斗中，相繇也只是想拍开人类，清出一条路来逃离而已，但它的力气太大了，

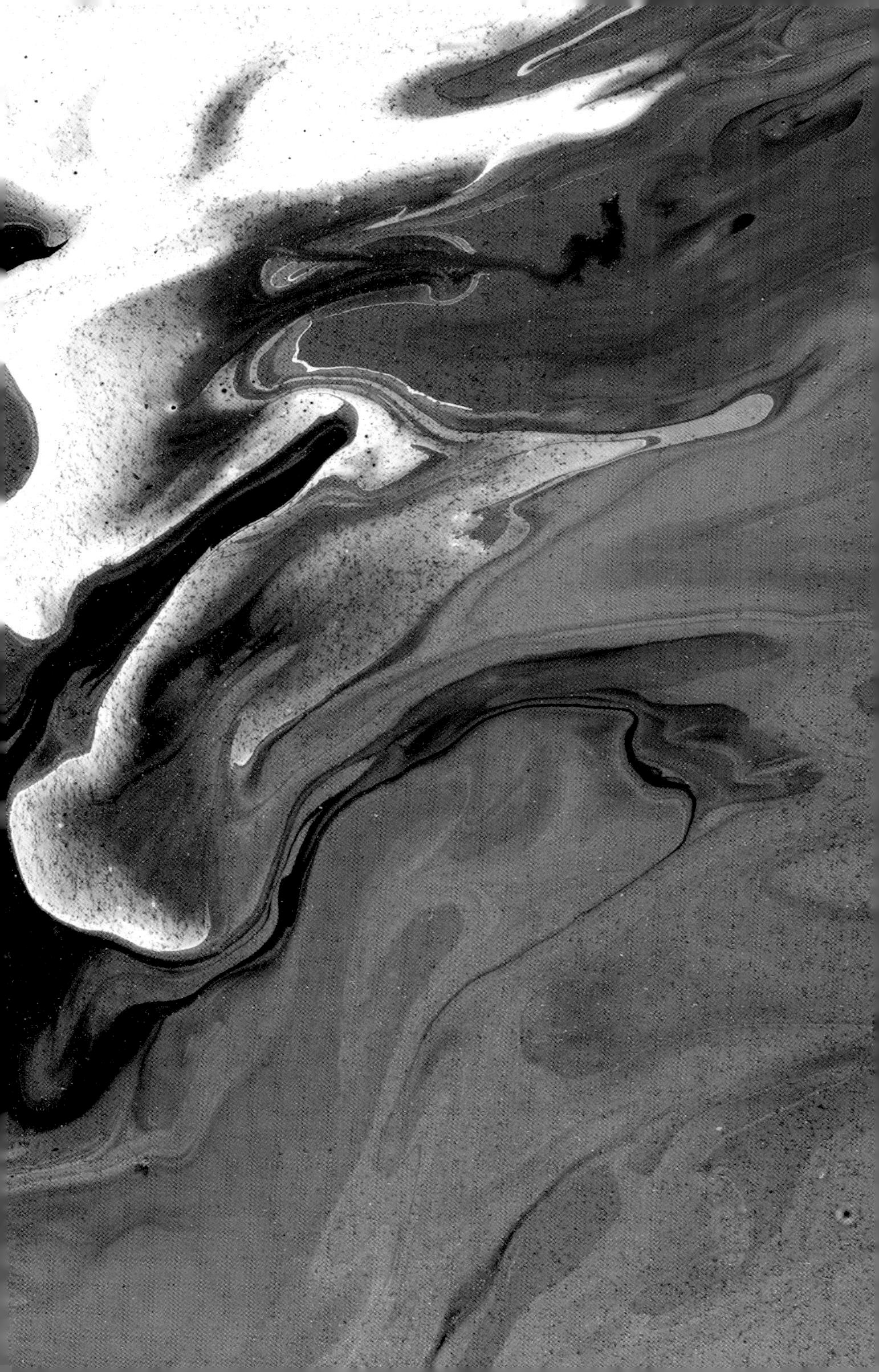

大到只是轻轻地挥了挥尾巴，就直接把上百人撞飞了出去，骨骼尽断，吐血身亡。

自此，相繇有了第三个名字，继“怪”“难”后，它被称作了“凶”。

人族憎恨相繇，畏惧相繇，相繇成了人们口口相传的“凶”，被人嫌弃和远离。甚至相繇一度也以为自己就是“凶”，这就是它的名字。

直到一个人的出现。

不，不是人，是神。

他为水神，名共工。

共工来到相繇的面前，告诉它，它的本领应该有更大的用处，问它可愿随着自己离开，一展所长。

相繇答应了，因为共工说，它有名字，名为相繇。

它笑了，它不是怪，不是难，不是凶，而是相繇！

它的名字，就是它活着的意义！

自此，相繇成了共工最忠实的追随者，随着他南征北战。共工说上天要惩罚人类，以洪水洗净人间的罪孽，相繇也信了，它成了真正的凶兽，所过之处，尽为泽国，毒液滋漫，寸草不生。

即便共工战败了，相繇也仍遵循着共工的遗志，摧毁大禹等人建造的堤坝，制造无数的毒沼泽，如人族所说的“为祸人间”，抑或算是相信共工所说的，秉承上天的意志惩罚人类。

所以，有了眼前这一幕。

人族贤者大禹，挥剑斩向相繇。

相繇在剑尖即将抵达的那一刹那,突然猛地睁开了眼。

“吾秉承上天意志，以水神共工之名，惩罚人类！”

“吾名相繇！”

大禹的剑斩碎了相繇的头颅。

数千人族士兵欢欣鼓舞，人间又少了一个凶兽。

不过，那个凶兽……好像有名字？

“叫……相……繇！”

青要之山，实惟帝之密都。北望河曲，是多驾鸟。南望墠渚，禹父之所化，是多仆累、蒲卢。䰠武罗司之，其状人面而豹文，小要而白齿，而穿耳以鐻，其鸣如鸣玉。是山也，宜女子。畛水出焉，而北流注于河。

——《山海经·中山经》

# 青要山

赵世博

十几个蟜人[1]全力奔跑着，身上的虎皮纹因为溢出的汗珠而熠熠生辉。他们有力的双腿，给了他们能够追风逐电的速度。如今天下大乱，这些罪妖蠢蠢欲动，都想逃下山去，找回过去的辉煌。

虽然蟜人的速度奇快，可武罗还是在他们逃离青要山之前拦在了他们身前。她扬手撒出了一把黄豆般大小的光珠，这些光珠触到蟜人的身体，瞬间化作一张粗疏的网，将蟜人缠住，火烧、针刺一样的疼痛传遍全身，这群蟜人纷纷倒地，痛苦翻滚，哀号求饶。

武罗随手掐了一朵荀草的黄色花朵在鼻边嗅着，耳朵上的金银耳环轻轻晃动。她身姿婀娜曼妙，细长的腰

---

1　蟜（jiǎo）人：蟜，其为人虎文，胫有䏿。在穷奇东。——《山海经·海内北经》

肢尤其动人，乌黑的长发在头顶盘了一个发髻，上面插着一只巨蟒的长牙，弯弯的，仿佛新月。纤细的手上，每一个指甲都超过两寸，是玉石一样剔透的骨白色。只看这些，她是个难得的美人，可她的皮肤，却满是豹皮一样的斑纹，仅此一点，就把她的诸般美艳都抵消了。

“还想逃吗？”她嗅了一会儿花香，方才慢条斯理地问。声音清脆悦耳，如同玉石碰撞，伶俐一笑，露出洁白如玉的牙齿。

“再也不敢逃了,冥王开恩。”地上那群蟜人同声求饶。

她灵动的目光在他们身上扫了两遍，右手凭空一抓，缠住蟜人的网又变回了光珠，飞回了她的掌心。蟜人陆续爬起来，踉跄着返回了山上。她优哉游哉地跟在他们后面。

武罗是冥神，却不在冥界。人族崛起之后，修成了很多人神，与天、地神族交集日趋密切。黄帝与蚩尤一战，三界诸神都被裹挟其中，蚩尤战败，追随他的诸神，也一并被诛杀。神灵不死，所以被杀的神并没有进入冥界，而是化作了“罪妖”，留在人间赎罪。蟜人便是一类罪妖，他们的头发里，可以生出逍遥香，这是三界最上乘的香料，天界所需要的逍遥香，都由他们供应，而蟜人却要因此承受无尽的头痛。

青要山是罪神的刑场，也是罪妖的囚牢。武罗的职责，就是看守山中的罪妖。她凭一己之力，管束住了山中所有罪妖，所以被称作“人间冥王”。这个冥王她已经做了几百年了，谈不上喜欢不喜欢。神也不是所有事都能自己做主，这点与凡人一样。

她听到声声惨叫，是从山里的畛池那边飘过来的，于是腾身而起，蝴蝶一般，翩然飞了过去。

畛池方圆百丈，深也有百丈，池水幽暗如海，罪妖鲛人[2]栖身其中，每日在池中织龙纱，这种纱薄如蝉翼，入水不湿，入火不化。鲛人还有一项禀赋，就是他们滴下的眼泪可以化成明珠。鲛人织出的纱，化出的明珠，也如蟜人发中生出的逍遥香一样，全部供应天庭所需。惨叫声是鲛人发出的，而每当有这惨叫声，定是强良[3]又来收明珠了。

强良是北极天柜山的神祇，人身虎首，却有四蹄，长臂垂地。口中衔蛇，手中握蛇。这些蛇不仅是他的爱

---

2　鲛人：伯虑国、离耳国、雕题国、北朐国，皆郁水南。（晋人郭璞注：雕题，黥涅其面，画体为鳞采，即鲛人也。）——《山海经·海内南经》

3　强良：大荒之中，有山名曰北极天柜…… 有神，衔蛇操蛇，其状虎首人身，四蹄长肘，名曰强良。——《山海经·大荒北经》

物，还是他的武器。他的职责，是收集天下珍宝供奉天界，因此他常来青要山，向鲛人收取明珠。倘若数量过少，他就会毒打这些鲛人，让他们落泪。此时，畛池里的鲛人都被他倒吊在池边的树上，他手中的蛇化成了长鞭，往鲛人身上抽打。鲛人惨叫痛哭，落下的眼泪瞬间化为明珠，衔在他口中的那条蛇守在树下，将落下的明珠悉数吞进腹中。

在强良的毒打之下，鲛人们都痛哭不止，唯有敖，从不落一滴眼泪。敖是契的弟弟，曾跟随鲧[4]一起盗取天帝的息壤治水，结果反而使得洪水泛滥，弥漫九州。鲧因此获罪被斩首，之后化作了黄熊。敖也一同被斩首，之后化作了鲛人，在畛池中赎罪，直到如今。

她最初发现敖不哭，是看见强良打他出手格外重，从此她便好奇，想看他能撑到几时，因此强良毒打鲛人的时候，她总在一旁看热闹，等着看敖屈服。

她在一旁观望许久，其他鲛人已化出了许多明珠，足够强良交差，可他今日似乎执意要和敖过不去，将他打昏了两次，还是不肯罢手。

---

4　鲧：洪水滔天。鲧窃帝之息壤以堙洪水，不待帝命。帝令祝融杀鲧于羽郊。鲧复生禹。帝乃命禹卒布土以定九州。——《山海经·海内经》

“与罪妖一般见识，有失神祇身份，算了吧。”她终于看不下去，说道。

“这妖孽存心与我过不去，我今天倒要看看，他是要命，还是要珠子。”强良恶狠狠地嚷着。

“你再不停手，我便将你这几条蛇的皮剥了做腰带。”她端详着自己的长指甲，说得轻描淡写。但强良却立即收了手，哼了一声，驾云而去。

她将鲛人一一放下，他们陆续回到了池中。敖是最后一个，他在地上躺了很长时间，起初表情痛苦，最后突然笑了，挣扎着跃进了水里。

当夜月圆，敖又坐在池边吹埙。每当月圆之夜，他都会坐在池边吹埙，声音低沉，婉转哀伤，听久了让人心生凄凉。她喜欢听他吹埙，但从没对他说过。

她踱到了他身旁，问道：“你今日为何笑？”

埙声停止，他没回头，看着水面说：“我笑强良，打我们的时候那般威风，冥王一句话，便也灰溜溜地偃旗息鼓了。我原以为只在凡人里才有这样的欺软怕硬，没想到神族也有。”

“他们都知道，只要哭出几滴眼泪，就能免了皮肉之苦，你为何不哭？”她问。

## 䰠武罗

青要之山，实惟帝之密都。
北望河曲，是多驾鸟。
南望墠渚，禹父之所化，
是多仆累、蒲卢。

䰠武罗司之，其状人面而豹文，
小要而白齿，而穿耳以鐻，
其鸣如鸣玉。

“男子怎么能因为痛而落泪！”他凛然地说。

“那男子会为什么而落泪？”她更加好奇了。

“为心痛而落泪。”他说。

“怎样会心痛？”她问。

“失去亲人、爱人。”他说。

她不懂失去亲人和爱人意味着什么，但从他的声音里，听出了埙声的哀伤。她若有所思地转身预备走了，却瞥见水中他的倒影，又将埙放到了唇边。

“乐声里为何能有难以言说的冷？”她问。

“那是孤独。”他说。

埙声再起。

孤独？她在心里思索着这个词。原来总使她忍不住叹气的，是孤独。

禹因为治水有功，他的后裔得以执掌天下，但几百年后的这一代出了暴君，荼毒百姓，致使天下大乱，青要山上的罪妖感受到了人间的戾气，不断有试图逃离的，武罗每日对付他们，不得空闲。

某一日，天帝降下了旨意。因为禹的后裔民心尽失，天界将更替人间的权力，让契的后裔执掌天下。天帝命神祇延维[5]现世。相传君主得到延维，厚礼祭祀，便可称霸天下，天界是要用延维向天下昭告人间帝王的变更。但契的后裔势力尚小，没人有能力辅助首领得到延维，反而禹的后裔身边却有许多妖兽助阵。如今三界分明，天界不便干预人间事，所以下令武罗带罪妖敖下山，暂时恢复他的人身，帮助契族得到延维。倘若敖企图逃跑，抑或办事不力，武罗可随时将其诛杀。

武罗带敖下山，青要山暂时由强良和另外两位神祇代管。下山当日，敖的鱼尾重又变成了双腿，强良在他腿上加了镣铐，对武罗说：“人族最是诡诈，下山之后，冥王绝不可解开他的镣铐，让他脱离视线，否则这罪妖定会逃脱，切记。”

“你不必为我操心，守好自己的职能要紧，这满山的罪妖，哪一个逃了，都不是玩的。”她说。

虽然对强良的告诫冷嘲热讽，可在下山之后，她对敖的看管还是很严，从不让他离开视线半步。倒也并不是对他有多不放心，是她对人间太陌生，他在身边，让她觉得自如。她一身豹子的斑纹，被人视为异类，他便

5　延维：有神焉，人首蛇身，长如辕，左右有首，衣紫衣，冠旃冠，名曰延维，人主得而飨食之，伯天下。——《山海经·海内经》

## 强良

大荒之中，有山名曰北极天柜……有神，衔蛇操蛇，其状虎首人身，四蹄长肘，名曰强良。

找来了一件披风，将她从头到脚罩了起来。他向她解释屋舍和各类工具的作用，还为她抚琴而歌。

“你可留恋人间？”她问。

“谈不上留恋，当年盗取息壤，本为治水，不想反而酿成大祸。此次下山，不为将功赎罪，只想弥补过去的过错。做了几百年的罪妖，人间早将我忘了。不如留在青要山，至少还有你听我吹埙。”敖说着，黯然一笑。

“你甘心一直做罪妖？”她问。

“你并没有视我为罪妖，这便够了。”他说。不等她回话，又低头抚起琴来。

他们按时来到延维现世的地域，时辰一到，果然见到山中升起一团紫气，随即这团紫气从山中飘下，能看见紫气中有一位神祇，双头人面而蛇身，戴着红色的冠冕，穿着紫色的华服。

“就是他，我们跟着他，看他落在何处。”武罗说。可他们刚走出几步，脚下的土地却突然剧烈地震荡起来，倏尔隆起，倏尔塌陷。渐渐地，从地底现出一条巨蛇，身体弯曲绵延几里远，有九颗头，从嘴里不断吐出黑汁，被黑汁沾染的土石，瞬间化成了黑水。

“这是什么妖怪？”敖大惊。

“相繇，共工的臣。当年阻碍治水，被大禹斩了，残魄遁入了地底，想必是被禹族后裔的巫师召唤出来阻拦我们的。”武罗说。带着敖躲避相繇喷出的毒汁。

“你有几成把握胜他？”敖问。

“十成。只是要费些时间。”她说。

“这便是他们的算计，等我们斗赢了相繇，恐怕延维已经被他们夺去了。你解开我的镣铐，我去找延维，事情办好后再回来与你会合，怎样？”敖问。

“好。”武罗未作迟疑，指甲一弹，他脚上的镣铐已经解开了。她腾空而起，双手在空中挥舞几下，有发着光的细线从她指甲上飞出，缠在了相繇的一颗头上，只见她两臂向后一扯，细线收紧，就像刀切瓜果一般，这颗头瞬间被切碎。相繇痛得摇摆身体，搅得山崩地裂。敖趁机跳出他的包围，径直朝延维落下的方向奔去。

武罗与相繇从清晨一直斗到午后，将他的头一一斩落，相繇遁地而去，她紧追不舍，直至将他封印在九泉之下，才返回地面。此时空中已看不到紫气，延维应该已经被人族得到，不管敖是否成功，他都该回来了。可是他没回来。

她作法平复被相繇破坏的土地，有意作得很慢。直

到黄昏，土地平复完毕，视野毫无障碍，空旷的四野，被温和的暮色覆盖，看不见一个人影。她想起了下山前强良对她说的话，看来敖是不会回来了。

要不要把他抓回来？就算把九州翻个遍，于她也不是难事。她低头，看见了地上的埙，是他落下的。她将埙捡起来，决定不找了，随他吧。她是冥王，管得了鬼怪妖孽，却对人心束手无策。她将埙放到唇边，吹了一下，发出的声音令人皱眉。

"埙不是这样吹的。"一个声音从她身后传来。她回头，敖站在不远处，腿上流着血，大颗的汗珠从额头滚落，似乎极度疲累，但脸上却是笑着的。

"是啊，想必很难吧。"她低着头，强抑着脸上的笑。

"倒也不难，回青要山我教你。"他说。

她刚要答应，空中响起了一个声音："敖助契族得到延维有功，赦免其罪过，命其重生为人，助契族在人间奠定长久基业。"

他俩都吃了一惊，抬头仰视，头顶空无一物。

"我将化为谁？"敖问。

"天机不可泄露，你将重获新生，过去种种都将忘记。"空中的声音说。

“忘了我曾是敖？忘了这几百年？”敖问。

“不错。”空中的声音说。

一束光从青灰色的空中洒下，照在他身上，他在光束里，身体一点点变淡，仿佛正在被光蒸发。

“对不起，我不能教你吹埙了。”他说。嘴角艰难地扯出一抹苦笑。

“你能重生为人，很好。”她说。觉得喉咙干涩。

他笑着，眼角晶莹闪烁，越来越亮，最后盖过了周身的光束。两滴泪从他眼中滴落，化作了两颗如星辰般耀眼的明珠。他握着这两颗明珠，将手伸出光束，递给她，说道：“我不想忘了你，却做不到了，你若不想忘了我，便收下这两颗珠子吧。”

她伸手去接，那束光倏尔消失了，他也消失了，两颗明珠，落到了地上。

武罗住在青要山，号称人间冥王。她耳上戴着金银耳环，上面镶了两颗璀璨如星辰的明珠。每逢月圆之夜，她会在青要山的畛池边吹埙，吹得毫无韵律，闻之令人皱眉。

有人衣青衣，名曰黄帝女魃。……魃不得复上，所居不雨。

——《山海经·大荒北经》

# 女魃

阿兹猫

这一年，人间大旱，星神夸父[1]在荒地上捡到了一个粉雕玉琢的女娃，取名为女魃。

一千七百年后，太古山。

“魃儿，跪下！”

一道冷冽的声音晃动整个大殿，威严的夸父宛如天神般负手立在殿上，火红的小灼龙盘尾绕在殿柱上，望着殿上的女子。

“爹爹……”

一袭红衣的女魃跪在殿上，如瀑青丝散在水晶地面，折射出迷离的光芒。

“你可知错？”夸父问道。

---

1　夸父：大荒之中，有山名曰成都载天。有人珥两黄蛇，把两黄蛇，名曰夸父。——《山海经·大荒北经》

女魃挺直腰板，昂起头，咬唇倔强道：“爹，女儿既拜了女娲娘娘为师，那自然是要替天行道，现如今天道崩塌，人界妖魔猖獗，女儿没有心思嫁人！”

微弱的灯火下，他眯眼打量着这个女儿，她眼波清湛，灵动的眸光妩媚又生动。

他有了一瞬间的失神。曾几何时，他在洛城的旱地里捡到的娃娃，如今出落得越发清丽，也越发的有主见了。

这孩子天赋极高，却性情懒散。这些年来，她与夸父的徒弟后卿、飞廉、屏翳一起修炼，却不肯用心学，时常联合后卿捉弄他人。

她闯祸的本事渐长，偏偏顽劣的个性不改，最后收拾烂摊子的总是夸父那三个傻徒弟！

看来，自己太过娇宠她了！以至于她竟当着众神的面，拒绝了他的赐婚！

夸父怒火正盛，阵阵威压震得殿内水蓝的布幔随风翩跹，父女俩僵持在原地。

女魃垂眼睥着对面一方红案，案上仅有方正的青铜鼎，此刻鼎内炉火烧得正旺……

她知道这铜鼎名唤神农鼎，可以炼制各种丹药。

父神在此烧起神农鼎难道是在炼制丹药吗？

空气仿佛凝固起来，她低垂眉眼，不动声色地思考着。

想到先前她的未婚夫蚩尤，那个煞星怒气冲冲地走了，女娲面露难色，而夸父脸色惨白……

虽说女娲大神对于她的拒婚并没有追究过错，她的父神却……

作为天神，她这样打脸的行为让她父亲的面子往哪里搁？

思及此，她蹙眉不语，修长的羽睫覆住眼底的灼热。

“魃儿，你与爹说说，为何要拒婚？难道兵神蚩尤不合你心意吗？”

“爹，女儿不中意粗鲁莽撞的他。”

“魃儿，你可知爹爹为何要拉拢蚩尤，让他与你联姻？”

“女儿知道，故而不愿成为利益牺牲品，我心应由我！”

“你！魃儿，难道你要一辈子与那个浑小子后卿交好吗？他可是什么都没有！”

“爹，此事与后卿无关，他是女儿的知己，仅此而已！”

“好！魃儿，你既然冥顽不灵，那爹爹只能矫正你的

## 夸父

大荒之中，有山名曰成都载天。有人珥两黄蛇，把两黄蛇，名曰夸父。

错误！”夸父摇头喟叹，抬手一扬。

倏尔间，神农鼎掀盖而起，一块泛着袅袅白烟的碧玉腾在半空。

夸父不着痕迹地收回视线，手掌一收，碧玉已入掌中。

“魃儿，这是我用神农鼎炼制的碧玉，它会让你丧失所有记忆……”

“爹，你疯了吗？”

女魃只觉得脊背发麻，惊得连连后退，攥紧手上的赤炎鞭准备应战。

见到女儿竟用武器相对，夸父冷冷一笑：“好啊！我的魃儿，今日竟想要反抗爹爹了？”

“爹，你别这样一意孤行！”

女魃脚步一顿，脸上浮动几分不安。父神究竟是怎么了？对于这桩婚事他似乎产生了一种可怕的执念，此刻竟有些疯魔了！

“说！你愿不愿意嫁给蚩尤？”夸父神情凛然，用嗜血的目光紧盯着女魃。

“不！女儿不愿！”

尽管嗅到来自父神威胁的血腥味，女魃依旧咬紧牙关，丝毫不肯松口。

面对不听话的女儿，夸父冷声唤来灼龙，脱柱的小龙身形陡然间暴长起来，瞬间便将女魃紧紧缠绕，令她动弹不得。

夸父抬手将碧玉送到她嘴边，声音诱哄道："魃儿，你要乖……服下这颗碧玉，你就会听爹爹话了。"

话毕，他扳紧女魃下颌，强行将碧莲放入她嘴中。

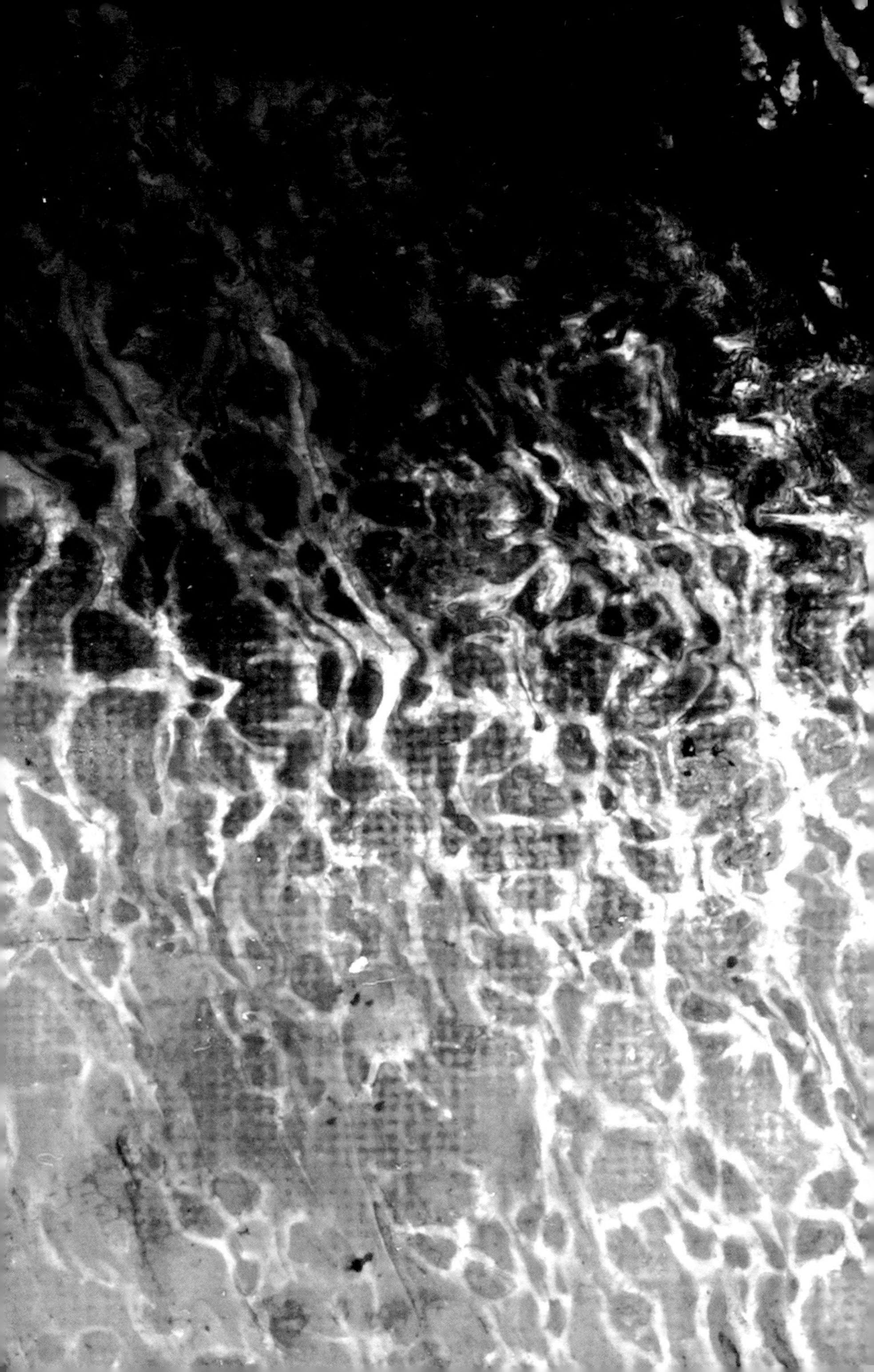

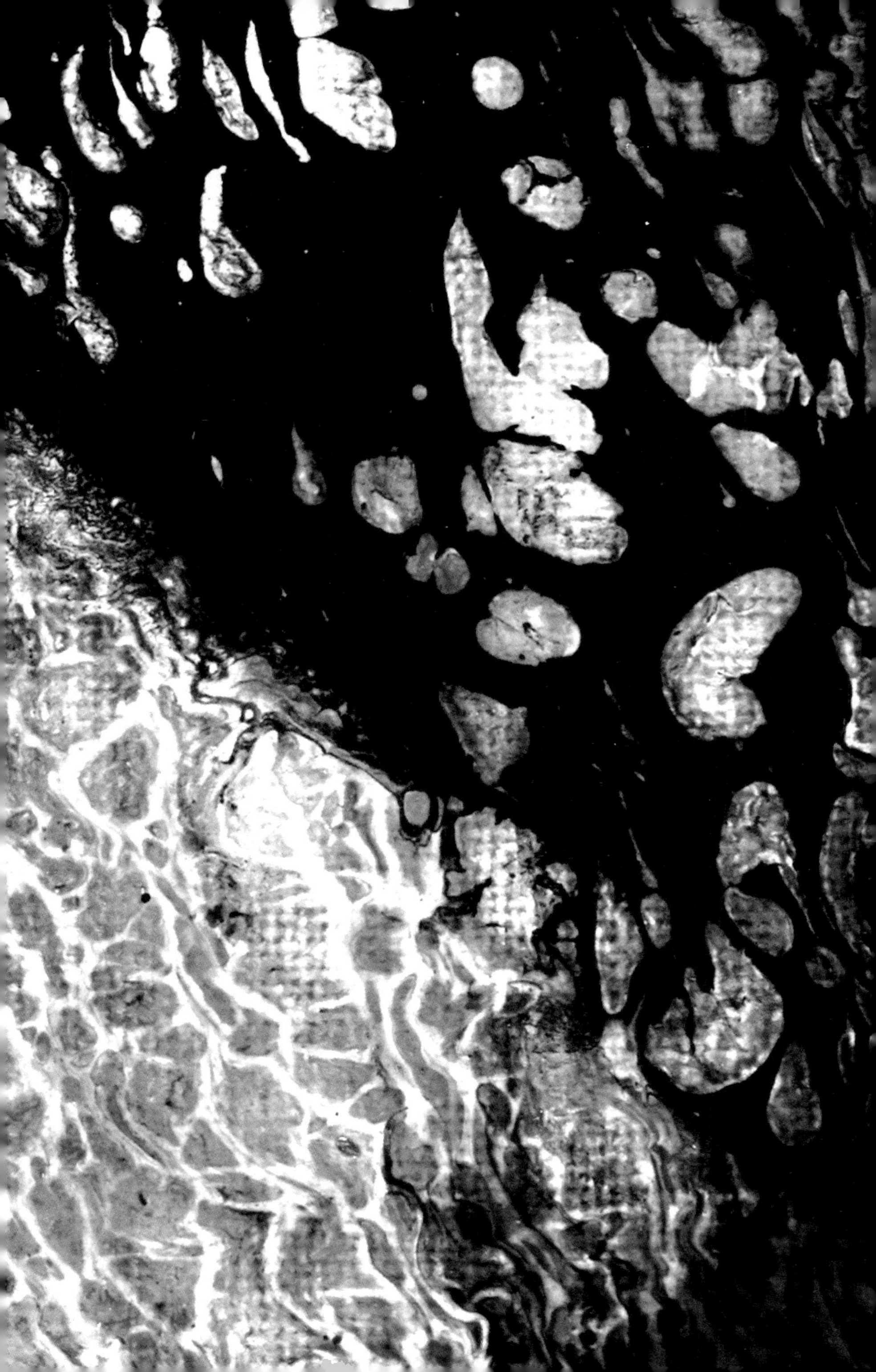

穷奇状如虎，有翼，食人从首始，所食被发，在蜪（táo）犬北。一曰从足。

——《山海经·海内北经》

# 穷奇

天狼

正月十五，小镇，桥北。

小酒馆前，一位相貌堂堂的壮汉揪住了一个形容猥琐的老头儿。

“欠债还钱，天经地义。躲过初一躲不过十五，”壮汉理直气壮，“说吧，什么时候还钱？”

“钱大爷，小老儿眼下实在是没钱啊。”那老头儿脸皱得跟核桃一样，眼珠四下乱转，似乎想找个机会溜走。

“没钱？借钱的时候你说得好听，有钱还钱，无钱还谷。结果倒好，不种谷子种萝卜！你说你是不是成心的？”钱大义愤填膺。

围观的人开始窃窃私语了，这老头儿看着可怜，其实很狡猾呀。

老头愁眉苦脸道：“那不是谷子受灾了，临时改种的萝卜嘛。”

“少废话，就算是改种，还不上钱，那地里的萝卜是不是该归我啊？可为什么你偷着拔了那么多？”钱大声音抬高了许多。

老头儿在事实面前似乎已无话可答。

围观的众人开始指指点点，这老头儿拔人家的萝卜，不就是偷吗？

忽然，人们开始惊叫着向后退，壮汉定睛看时，人群中不知何时出现了一只怪兽，状如猛虎，毛如刺猬，背生比翼，慢慢踱近争吵的二人。

壮汉钱大吓得色变：“你你你是谁？你你你要干什么？”

那怪兽声音低沉：“我是穷奇。看你们争吵，来替你们断理。”

钱大结结巴巴道：“他他他欠我钱不还，不种谷子种萝卜，还偷拔萝卜……”

穷奇点头道：“是，我都听见了。你有理。”

钱大得意地说：“怎么样？老头儿，这神兽也说我有理……”

话音未落，那怪兽或者神兽忽然一口将钱大的脑袋咬了下来，吞了下去。那头颅似乎还嘀咕了一句什么。

穷奇舔了舔嘴唇道：“我专吃有理的，你不知道吗？”说着又去把那钱大无头的上身咬住，那钱大的两只手，一只去推，一只去拉，终于都被穷奇吞下。剩下两条腿，一条要朝左跑，一条要朝右跑，最终都跑进了穷奇的肚皮。

围观的人早发一声喊，全吓跑了。那个老头儿吓得瘫在地上，尿湿了裤子。

穷奇冷冷地瞥了他一眼，拍拍翅膀飞走了。

三月初三，城内，大街。

人来人往，熙熙攘攘。

忽然有一怪兽从天而降，状如老虎，毛似刺猬，背生比翼。

人们吓得四散而逃，看到怪兽没有追上来，又禁不住好奇，驻足观看。

有人认出来了，小声嘀咕：“这是穷奇，好给人断事，但专吃有理的一方。”

“是啊，我听说，他吃人，喜欢从头部开始吃呢。”

穷奇不理这些嘀咕，四下扫视，发现有一人脸色苍白，

## 句芒

东方句芒，
鸟身人面，
乘两龙。

却站在成衣铺前不走，就踱过去问：“你为什么不跑？”

那人脸色苍白，嗫嚅道：“小人答应了朋友，在此等候，因此不敢失信。”

穷奇追问道：“这么说，你是个讲诚信之人了？”

那人鼓起勇气道：“正是，小人李七虽不才，但重诺守信，大家都知道的。”

穷奇忽然伸头，把那个叫李七的鼻子咬了下来。

李七惨叫一声，拔腿便跑。

穷奇自语道：“诚信之人，鼻子的味道也不过如此嘛。没了鼻子就不用讲诚信了吗？怎么跑了？”它瞥了一眼刚才李七所站之处，有什么东西闪了下光。穷奇用鼻子哼了一声，拍拍翅膀飞走了。

六月初六，山村，破屋。

一阵怪风，似狼嗥、似狗叫，听着让人极不舒服。

一怪兽自天而降，状如老虎，毛似刺猬，背生比翼。不用说，正是穷奇。

屋里老人、孩子都吓得惊叫连连，一头发蓬乱、衣衫褴褛的汉子也瑟瑟发抖，但强撑着挡在老人和孩子身前。

穷奇开口道：“你就是王十二？”那汉子点了点头，

骇得说不出话来。

穷奇又道："听说你挖绝户坟、敲寡妇门、偷东家米、盗南村鸡，有没有这些事？"

那叫王十二的汉子头垂得低低的，说："有……"

穷奇哼一声："承认就好。"转头衔过来几只被它咬死的黄羊野獐，放在那汉子面前，说了声："给你的。"转身飞走了。留下王十二一家目瞪口呆。

腊月初七，天下，四方。

穷奇和腾根[1]巡行着，遇到害人的蛊毒，就把它们吃掉。

腾根忽然盯着穷奇瞅了半天，似乎欲言又止。

穷奇冷冷道："有屁放。"

腾根叹了口气道："你也是堂堂贵胄，西方天帝少昊[2]之子，怎么就这么一副德行呢？"

穷奇满不在乎地问："我这德行怎么了？"

腾根嚷道："还怎么了？两人打架，你吃掉有理的。

---

1　腾根：先腊一日，大傩，谓之逐疫。……穷奇、腾根共食蛊。——《后汉书志·礼仪》

2　少昊：长留之山，其神白帝少昊居之。——《山海经·西山经》

## 穷奇

邽山。其上有兽焉，其状如牛，猬毛，名曰穷奇，音如獆狗，是食人。

人家忠信，你咬掉人家鼻子。有人作恶多端，你却给他送这送那。你这不分明是惩善扬恶吗？”

穷奇不怒反笑，道：“我乐意。你有理，有理有用吗？我把你吃了，你用你的脑子，跟我的肚子讲讲理。你忠信，忠信有用吗？我咬了你的鼻子，你告诉我，屎是香的还是臭的？他浑蛋，浑蛋关你屁事？哈哈哈。”

腾根打破砂锅问到底：“可究竟是为什么啊？”

穷奇见他没完没了，叹口气，正色道：“那个所谓有理的钱大，放驴打滚的高利贷。借一百只给七十，完了收本息二百三。逼得人家快出人命了，挖两个萝卜他还当街羞臊人家。不该咬？那个忠信的李七，什么答应了朋友不敢走，是他脚底下踩了只金镯子，想趁没人时拾起来，舍不得走。不该咬？那个什么王十二，遇到危险，虽然害怕却挺身而出护住家人，也算是个汉子。”

腾根不解：“那他干的坏事就不算了？”穷奇道：“他挖的绝户坟的主人，活着时候就是为富不仁的货色。他只是拿了殉葬品换粮食。他敲寡妇门，是看她家母子快饿死了，给送吃的。他偷的拿的都是为了让一家老小活命。”

腾根似乎还是耿耿于怀：“但他毕竟是干了违法的坏事啊。”

穷奇冷冷道："我也干了，怎么着吧？"

腾根无语了，半天才道："有些事……你做得似乎也情有可原，但你为什么不解释呢？现在人们都说你处事不公，说你是四大凶神之一……"

穷奇哈哈大笑，然后声音冷得像冰："你也知道，我是少昊的儿子。西部穷桑国的少主，含着金汤匙降生。可我爹对我就不公平，就不容我解释。我为什么要对世界公平？我跟他们解释不着！

"我大哥重，四方大脸一脸正气，身着白衣，出则驭龙，帮伏羲治理东方、掌管春天。见人行善事，还替人增寿。人们尊称他句芒[3]。看起来正义吧？善良吧？可小时候那条小龙是他弄死的！然后他假装于心不忍，向父皇告发是我干的！当时我手捧小龙满手是血，父皇根本不听我的解释。

"我二哥该，人们尊称他蓐收[4]，他和父皇一起掌管西方一万二千里的地域，还掌握着人们的刑罚。有人做坏事，他负责减寿，甚至剥夺生命。威风吧？显赫吧？可当时那个叫青鸟的仙女，是他勾引不成暗害了的！但他把我

3　句芒：东方句芒，鸟身人面，乘两龙。——《山海经·海外东经》

4　蓐收：西方蓐收，左耳有蛇，乘两龙。——《山海经·海外西经》

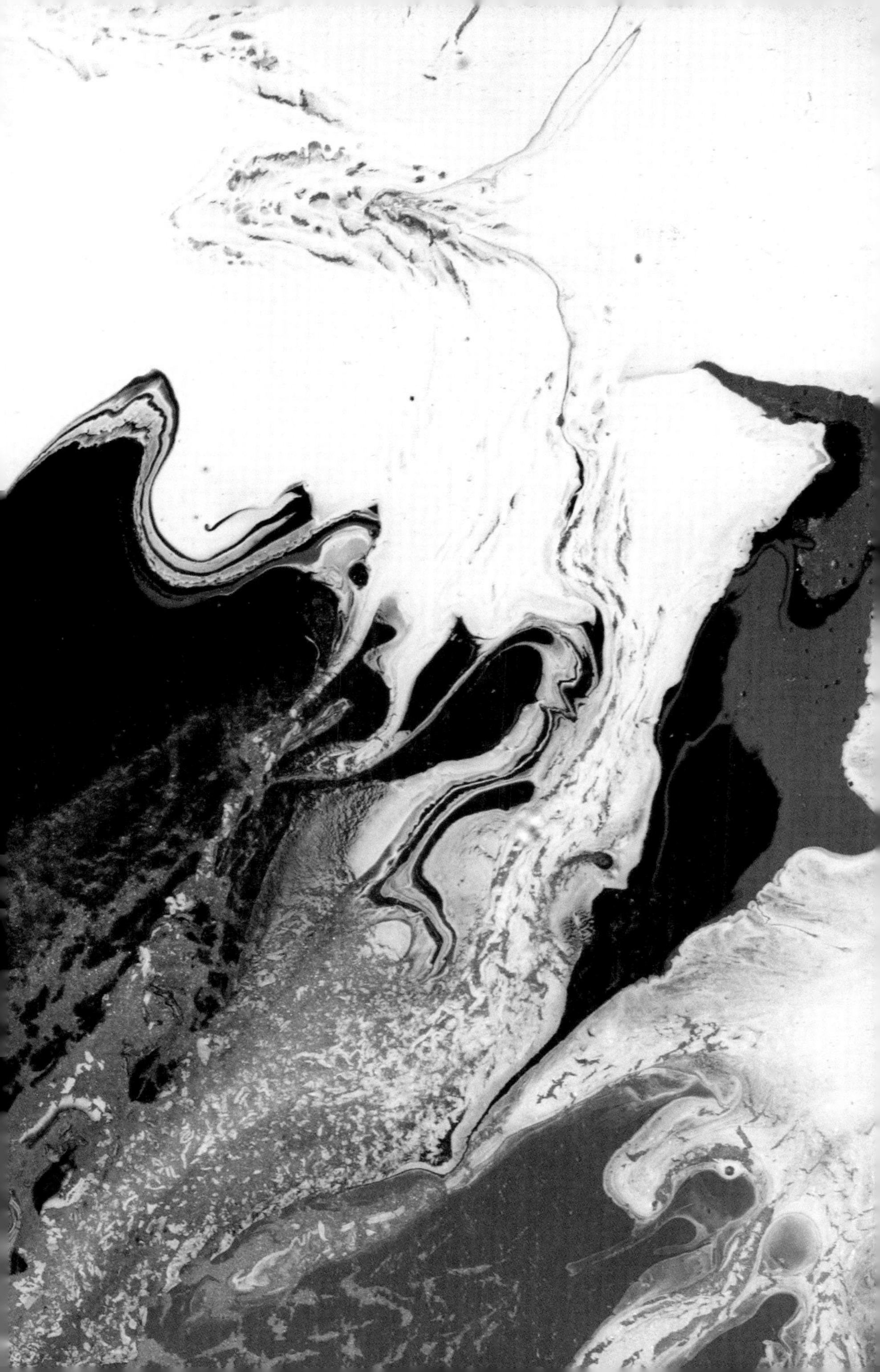

灌醉扔到现场，我百口莫辩，从此父皇把我逐出门庭。

“现在，你让我跟谁解释？对谁公平？老子想做就做了，管他对错！四大凶神？哈哈哈哈，我觉得挺好！你要不屑与我为伍，就趁早滚远点儿。”

说着，穷奇昂首阔步，目不斜视。

腾根默默无语，紧紧跟随穷奇之后，亦步亦趋。

彭水出焉，而西流注于芘湖之水，其中多儵鱼，其状如鸡而赤毛，三尾、六足、四首，其音如鹊，食之可以已忧。（请吴任臣《山海经广注》：儵，似鸡赤毛，六足四目也。）

——《山海经·北山经》

# 鲦鱼

天狼

带山，山上多玉石，山下多青碧。彭水自此发源，向西流注于芘湖，水中多产儵鱼。

儵鱼长得像鸡，（鱼怎么会长得像鸡呢？）赤毛，（鱼怎么会有毛呢？）三尾，（相比之下这算正常的了。）六足，（鱼怎么会有脚呢？）四目，（你确定那两个不是眉毛？）魃，你再插话我就不讲了！（好了，你讲吧我不说了……）它叫的声音如喜鹊，吃了它可以忘忧。（……你听谁说的？他怎么知道的？为什么吃了它可以忘忧？你怎么不说话了？我总得问个明白吧？……好吧，带山在哪儿？）

朋友你好，我们认识一下吧，你好像不大开心？

看来，你就是儵鱼了？

咦，你怎么知道？喳喳喳。

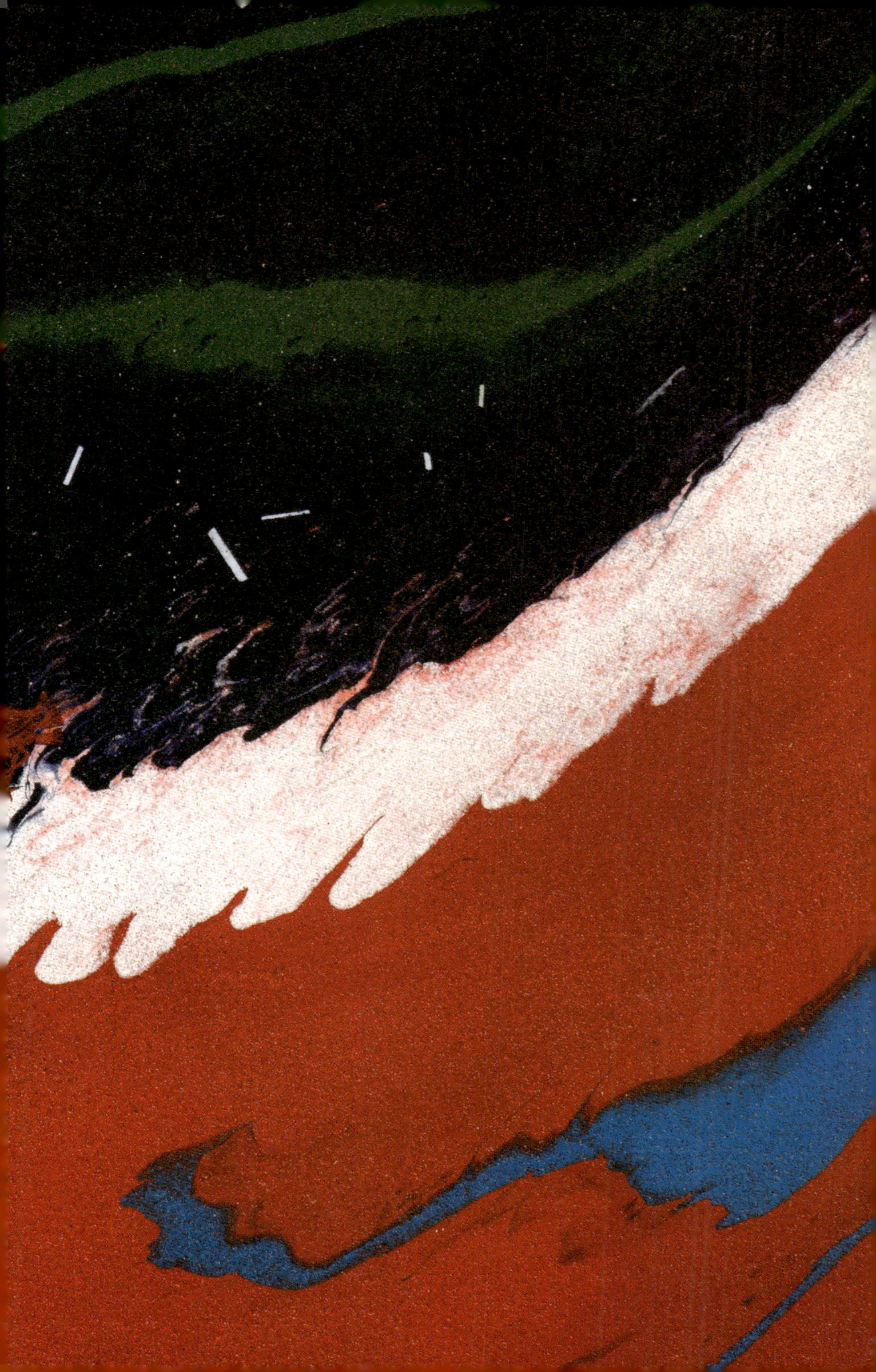

像鸡，红毛，三条尾巴，六只脚，四只眼睛。谁看了也认得出。

啊，原来我这么好看！啦啦啦！

你总这么开心吗？

是啊，为什么不呢？喳喳喳。

你要是我，就不会开心了。

你是谁，为什么不开心？

我是魃[1]，黄帝的女儿。

黄帝是谁？

中原的王，他打败了炎帝和蚩尤，统一了天下。

哇，他好厉害。喳喳喳。

是我帮他打胜仗的。

你更厉害！你怎么帮他的？

他跟蚩尤决战，蚩尤会呼风唤雨，喷云吐雾。

听起来很吓人啊。

是啊，我父亲黄帝打不过他了，就让我出马。

你怎么出马？

我有特殊的本事，能让风停了、雨干了、云开了、

---

1 魃：有人衣青衣，名曰黄帝女魃。蚩尤作兵伐黄帝……请风伯雨师，纵大风雨。黄帝乃下天女曰魃，遂杀蚩尤，魃不得复上，所居不雨。叔均言之帝，后置赤水之北。叔均乃为田祖，魃时亡之。——《山海经 · 大荒北经》

雾散了。

你怎么做到的?

我把它们烤干了。

哎呀，好热。你好像真的能把别的烤干。

我现在收着火力呢。当时蚩尤无所遁形，就被我父亲杀了。

杀人啊？不好玩。

是啊，我也觉得不好玩。而且我的法力用完了，回不到天上了。

你原来是天上的？喳喳喳。

是啊，天上可好了，可我回不去了，不开心。

你为什么一副不开心的样子?

当然了，不仅回不了天上，还没人喜欢我，父亲把我放逐到北方。

为什么没人喜欢你？什么叫放逐?

放逐就是……我不能待在我想待的地方。只能……到处流浪。

你想待在什么地方?

我想待在……有朋友的地方，有水有草有鱼的地方。反正不是被人赶来赶去的。

## 儵鱼

彭水出焉，
而西流注于芘湖之水，
其中多儵鱼，
其状如鸡而赤毛，
三尾、六足、四首，
其音如鹊，
食之可以已忧。

为什么被人赶来赶去的？

因为我的火暴脾气，走到哪里，哪里大旱，颗粒无收。

什么叫大旱？

草枯了，花谢了，地裂了，河干了，水没了，鱼死了。

我也是鱼，我也会死吗？

当然啊，要不是没问清楚烤鱼和炖鱼哪个功效好，我早把你烤死了。

什么功效？为什么要烤死我？

因为……我想吃了你。

为什么要吃了我？

因为，他们说，吃了你可以忘忧。

对呀，忘忧多好，忘了就好，为啥那么多烦恼？啦啦啦……

（魃呆呆地看着它，不明白它怎么可以还那么快乐。）

（鯈鱼的记忆，只有七个刹那。）

你刚才说什么？

我说我想吃了你。

哎呀好怕怕。喳喳喳。

那你还能像刚才那么开心吗？

为什么不呢？啦啦啦！

你不是怕吗？

怕什么？

我刚才说……

你刚才说什么？

……

朋友你好，我们认识一下吧，你好像不大开心？

# 山海小剧场·最后的猨翼山

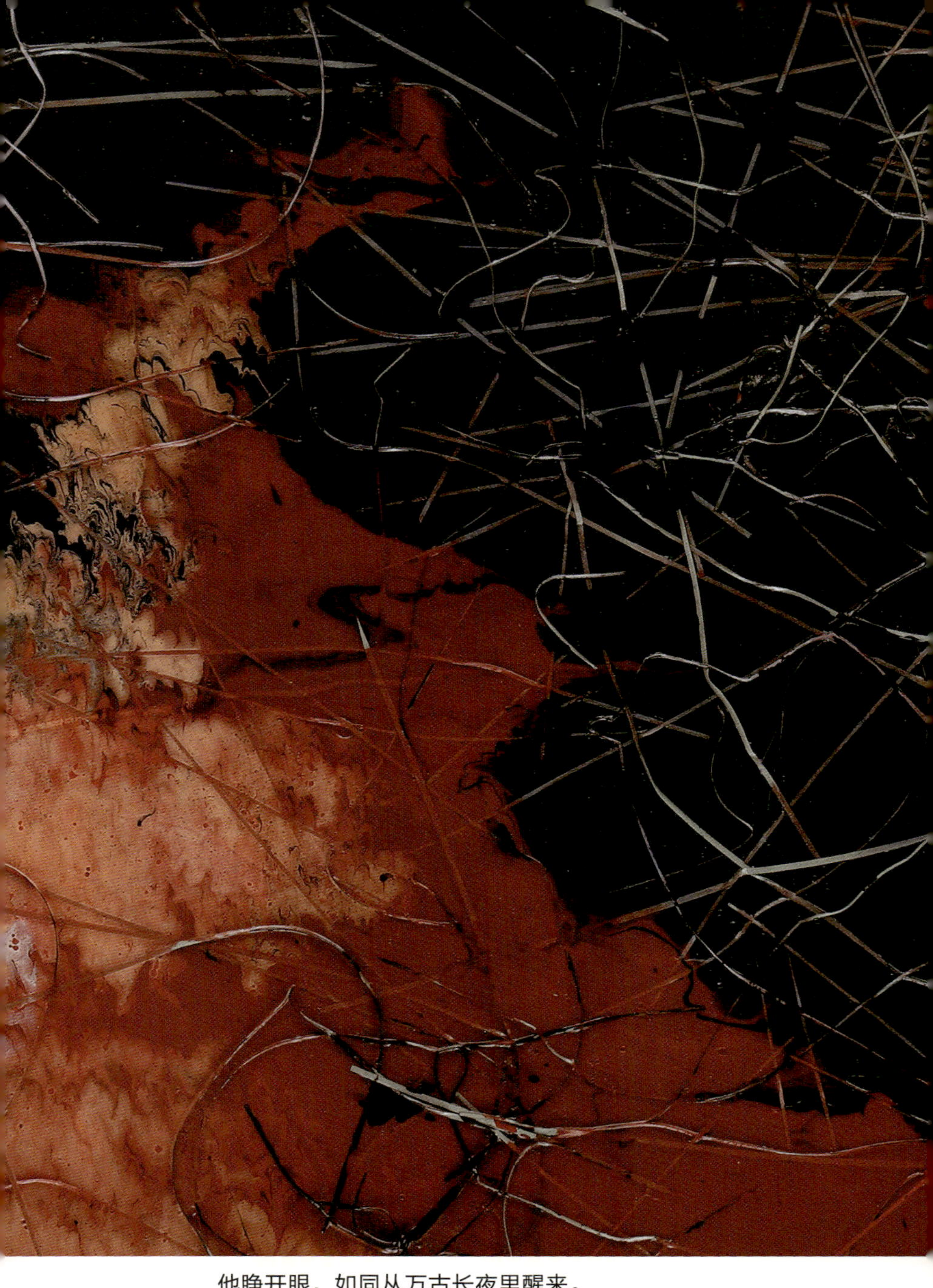

他睁开眼，如同从万古长夜里醒来。

熹微的晨光，洒在猨翼山上，照亮了山顶一片空地。四围

如刀削，上则乱云缭绕，下则绝壁通底，水雾蒸腾，深不可测。

此山地势之险，须猿猴生翼方可上，故名。

空地很大，方圆约三十丈，高低不平。溪流便随高就低，盘旋而下。两岸建有许多木栅，圈养着诸般兽类，外形莫可名状。它们也正纷纷醒来，开始发出声响。

这一切于他都是新的，草木鱼兽皆不识，也就无所谓奇怪与否。只他所在之处，用巨石摞起来，顶上覆了怪茅，建成好大一座屋子。他看起来和那些兽类约略是不同的。

“你醒了？”随着窸窸窣窣的游动声，她出现在门口。她皮肤粗糙微黑，颧骨突出，从表情到声音都很清冷，唯眼大而窅，在看见他的瞬间有光芒一闪而逝。脑后的乌发蓬乱地垂下，披拂到胯边，再往下只见长长一条蛇尾，兀自在野草间来回摆动。

他的嘴动了几下才出声，似乎喉咙还在适应，声音显得飘忽且嘶哑：“……你……你是……谁？”

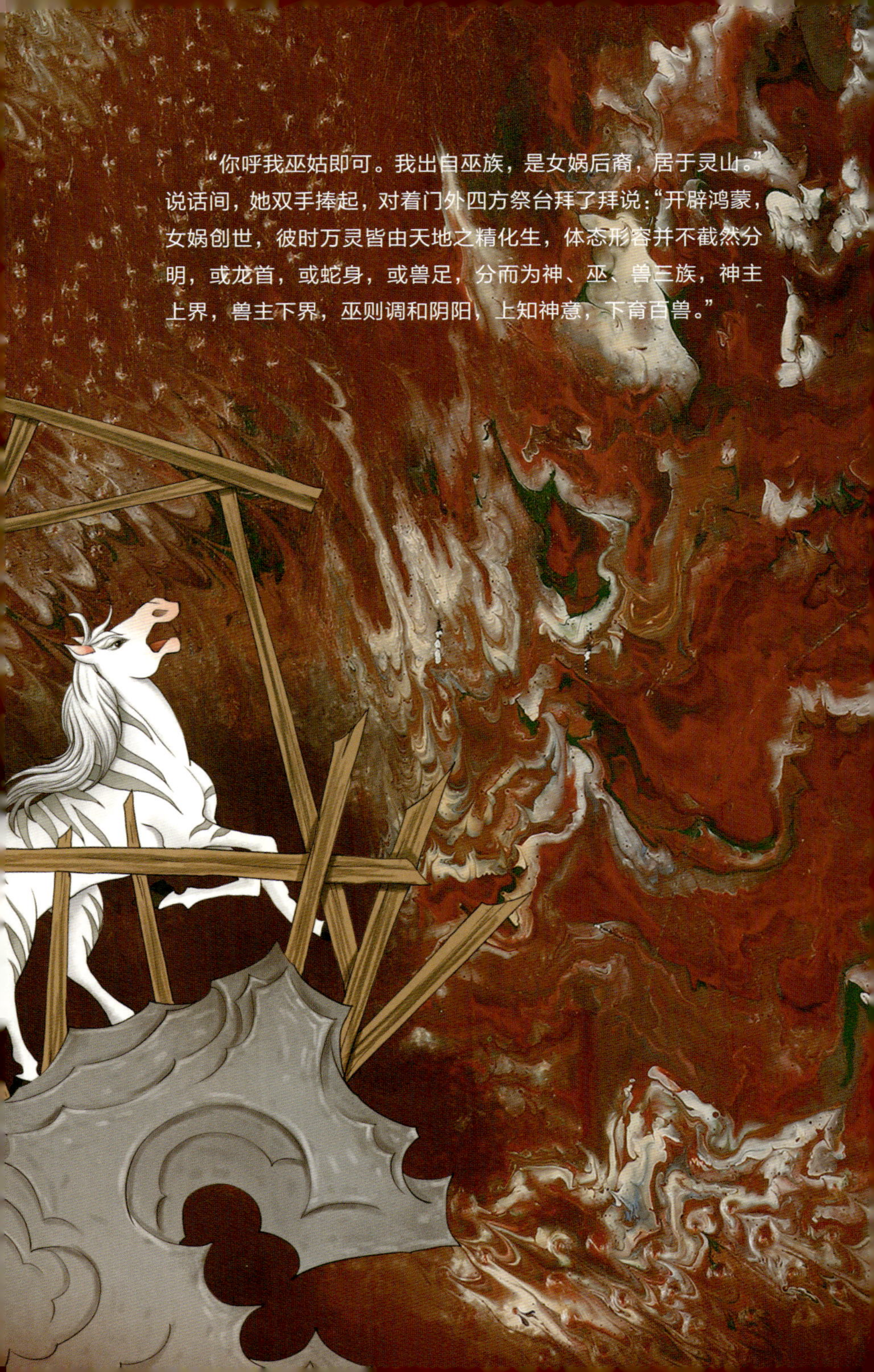

“你呼我巫姑即可。我出自巫族，是女娲后裔，居于灵山。”说话间，她双手捧起，对着门外四方祭台拜了拜说：“开辟鸿蒙，女娲创世，彼时万灵皆由天地之精化生，体态形容并不截然分明，或龙首，或蛇身，或兽足，分而为神、巫、兽三族，神主上界，兽主下界，巫则调和阴阳，上知神意，下育百兽。”

他目视沿溪的木栅问："那些都是巫姑所育？"

近处木栅内有一头怪兽立起，外形像马，白首虎斑，唯独尾巴赤红，它张开嘴对着天空吼起来，声音悠长浑厚，像是在吟唱。

"嗯。那是鹿蜀，是我用白首马、斑斓虎和蜀葵育出的。"

“如何育得？”

她指指祭台上的长方凹槽，让他走近了看，只见台边杂乱

放置有石刀、石锥、骨针等诸多工具，还有各种形状奇怪的石罐，罐里装着怪异的药液。她一一指点，像是有意要把这些教给他，脸上带着诡异的自得。

“喏，再看左近木栅，探出头那只叫窫窳，牛形，马蹄，那红色身体费了我两罐禽血，半月之夜的两息巫法。更远处那头正在啼哭的叫狍鸮，羊身虎牙，眼睛长在腋下，神族送来十只羊、两只虎加一具神族士兵躯体，三昼夜才做得。”

他忽觉身上发冷：“神族要你做的？”

她眼尾一挑，露出尖刻的嘲讽：“那可不？神族没落，不思

进取，力量日益减弱，又恐神界地位下降，遂开始屠食兽类以强自身。知我巫族善医，能以巫术造出怪兽，食之各有特殊功用。”

他突然意识到一件事，低头打量自身，狐疑道：“难道我，我也是……你造的？”

她平静地注视着他：“你与那些不同，你果然有智慧……”

话音未落，只听空中有人高声喊道：“巫姑接神谕——”紧接着，一队巨兽降落，兽身上各乘着一名神族将士，威风凛凛。

巫姑示意他进屋，然后游过去，淡淡吐出一个字：“讲。”

为首神将名叫奢比尸，他亢声道：“奢比尸传神帝谕，神族今晚举办百年一次的扶桑会，神尊神将悉数与会，须谨兽三十头、天狗三十头、狰兽三十头、鵸鵌百只……”

巫姑不耐，冷声打断那长长的食单：“你等自去取。我只问一声，有新近造得的絜钩，做汤鲜香味美，可美容颜，要否？”奢比尸亦知她地位特殊，赔笑道：“末将还另带了一份口谕，神帝要那能治忌妒心的神兽‘类’给神后与诸神姬食用。”

“嗯。我这絜钩只一点神奇：遇风即损气息，少时便失了鲜味，美颜效用也会大打折扣。须得置一大鼎，现煮现食，一刻也不得耽误。气味所至之处，管教个个得益。”

听说有新兽可食，奢比尸大喜，搓着手再三表示回天界必大加美言，便带领队伍乐颠颠地跟着巫姑去了。留下一群坐骑三三两两，坐卧着闲话。

其中一只巨兽，六足四翼，面目模糊不清，信步溜达着，就到了这边屋门口。看到屋内的他后，像是有几分欢乐，翼翅轻拍，足下蹈步。他吓了一跳，正要躲进身后的草铺中，那巨兽却在两个前翼中间发出细细的声音来："别害怕，我是巫十一，巫姑知

道我。灵山有十大首领，其中巫姑最有灵气，巫咸本领最高，我是不入流的小帮手，大家开玩笑叫我巫十一。嘿嘿，太好啦，巫姑把你造出来喽！”

他指着这只巨兽诧异道：“你这……不像啊，找不出五官脸面。”

“因我学艺不精嘛，嘻嘻，天界也只好唤我混沌。当日神族命灵山十巫为神族造怪兽，巫咸以违背天道为由拒绝了。神帝便派了帝子中容到灵山，日日隔崖吹笛幽会，诱拐了巫姑到此。之

后就大屠巫族，我是唯一一个逃出来的，只好自毁本体，用巫咸教的秘法造出这混沌形体，才得蒙混到天界。嘘，有别的坐骑来了——”

他眼珠一转，急忙走近混沌，用手轻轻抚摸其背。那匹坐骑探头看了看，又走开了。巫十一继续小声说：“半年前，我好不容易随神族将士到此，发现果然是巫姑在此育兽。天界日日笙歌，

索取无度，对待下界生灵残忍暴虐，可恨我巫族已被屠灭，兽族则懵懂未开智慧，巫姑便誓要造出新的生灵来。如此甚好，即便她毁了这世界，也不至于毁了先祖女娲的心血。”

巫十一毕竟带些小巫女心性，兴奋地打量着他：“头上鬃毛是黑的，应该金色嘛，金色多帅！嘿，脸部倒是清秀，白了许多。两条前腿太太……太细了，爪儿也太长，这能干什么？后腿粗多了，咦，只用后腿立着，那你闲着的前腿作甚？嚯嚯，尾巴都不要了，我巫族蛇尾多漂亮啊。这么一看，头就显得特别大，能

遮风挡雨吗？这就是巫姑说的智慧？”

他也不闲着，逮着机会就打听：“难道我本体是巫姑生的？”

“别瞎说！我巫族自古无雄性，只要遇南风裸露形体，自可感风而生，所生仍为雌性。这么说，你是雄性还是雌性？哈哈，让我看看……”

一个抓，一个躲，偷着絮叨闲话，乍看起来只是两兽玩闹罢了。远处，兽禽鱼声此起彼伏，显然正在纷纷就擒。一阵热闹混乱之后，大半天也就过去，巫姑只觑便叮嘱巫十一莫靠近宴席，就把这一队瘟神送走了。

日色渐见柔和，天风漫漫拂来，他走近她身边，轻声问道：“那絜钩其实有古怪？”

“你已知前情？嗯，絜钩出，瘟疫生，天神概莫能逃。先颜如桃花，继而浑身无力，终至咳喘如雷，气竭而亡。哈哈哈……巫姑大笑着，眼中却涌出血泪，显得凄厉可怖，“欺我哄我，族灭族！中容当诛，天界当灭！我要这颠倒的天道，混乱的世界悉数覆灭！”

他生出畏惧，瑟缩道：“那我能做什么呢？”

她抹去血泪，转身看他，神色有疯狂，有讥讽，还有怜悯修长的手指带着未干的血迹，抚过他的脸、脖子、肩膀、脊背“你是这般细弱，有时又会充满力量；你是这般怯懦，有时也很勇敢；你是自私的，也懂得用无私团结族群；你是真实的，懂得如何伪装自己……我不要你十全十美，也不要你如神界武有力，更不要你如兽类无知无识，你有毁灭之心，也有重之力，你会爱到疯狂，也会恨到入骨，你是矛盾的，也是变化的一生二，二生三，三生无穷……”后面渐渐化为咒语，微不可闻

突然，她尾巴一抖，察觉了什么动静。推着他回屋道："在你卧的干草下有块兽皮，揭开它能看到洞穴，那里直通山腹，可离开此处。带上兽皮，上面我用草汁画有一些巫医之术，可助你生存。速速离开！"

"你呢？同我一起走可好？"他拉住她。

"不，我有所爱呢，他就要来了。高大英武爱食兽的中容，我要和他同生共死，一起化成泥也不分开呢，哈哈哈……"她又在诡异地笑。

他走向干草铺，发现了她所说的一切。

她捧出一个小鼎，放在祭台上，里面显然是又一只即将烹来待客的絜钩。她理了理衣服头发，手捧玉器，摆出柔媚的姿势，欲待起舞。

他身体已到洞穴里，露出脑袋，远远又问了一声：“我叫什么？”

她扭头看定他，微微笑道：“人。”

最后一刻，他看见晚霞铺满屋外的天空，一道红一道黄层叠不尽，就像巫十一所说染玉石的白砻池被打翻的景象。有龙角天神踩着彩霞而来，果然英武非凡，那将是人的时代到来前，他记忆中最后的天神模样。

而她，正在曼妙起舞，曼声吟唱：

混沌开兮，造物化兮。灵山十巫，以玉事神兮。

高岸谷兮，深谷陵兮。遇风裸形，感风而生兮。

舒窈纠兮，劳心悄兮。日居月诸，今夕何夕兮。……

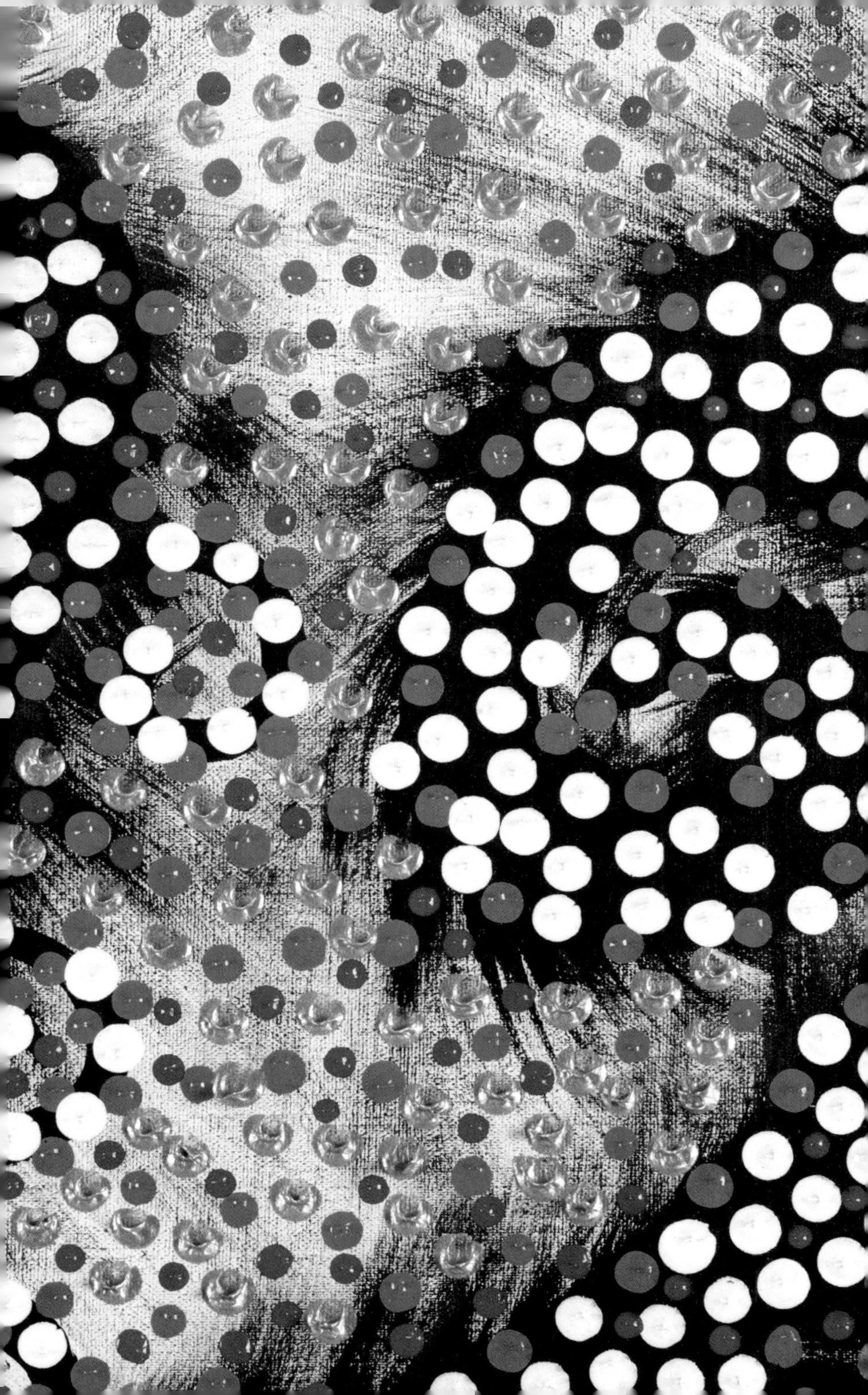

山海無界

梁晓声

2021年2月20日

北京

为山海立传
集异事成经

梁晓声
2021年2月于北京

## 奈目工作室编委会成员

# 贺鹏飞展览学术研讨会嘉宾评论

评论人/**郑军健**

鹏飞的作品我确实感觉到的：第一，抽象，比较有冲击力；第二，他比较自由，比较有个性，他确实也是吸收了西方的这种表现、抽象进行了融合。另外一个他这次选的题材是以《山海经》为主要描写和反映的对象，表现人类对征服自然的一种追求、渴望，这也是一个创新。所以鹏飞他以这种古典的题材，用一种非常现代的、抽象的手法来表现，确实也是古典到现代的融合沟通。鹏飞的作品或许会面临一种尴尬，学院派的认为这个好，普通老百姓又可能看不懂。这就需要我们评论家、理论界，包括他本人，做一些阐释，以便大家都能够去理解、去接受。

郑军健，广西书法家协会主席、中国书协国际交流委员会副主任，组织了多种展览、理论研究活动，以促进中外文化交流。

评论人/杨卫

提起贺鹏飞的名字，文化界许多人都知道。因为他是著名的出版家，曾为不少文化人出版过作品。然而，较少有人知道，作为出版家的贺鹏飞，其实还有一个身份，那就是画家。这正是人生的意外，这种意料之外构成了贺鹏飞的丰富人生，不仅让他在出版界独占鳌头，总能出一些有价值的好书，也使他的绘画别树一帜，在当代画坛显得与众不同。

贺鹏飞画画，完全是性情所致，受之于天。虽然贺鹏飞没有进过正规的美术学院，但无论是对于造型语言，还是对于色彩关系，以及对于材料的运用等，他都能够驾轻就熟、操控自如。这种无师自通的能力，源于贺鹏飞的艺术天赋，当然也与他丰富的人生经历密切相关。正是因为贺鹏飞年轻时经历过许多坎坷，尝试过不少职业，尤其是从事出版业后，接触到方方面面的精英，更是打开了他的视野，丰富了他的认知。因此，贺鹏飞从事绘画创作，一上手便能够抓到其中的要点。

事实上，绘画的理念也好，程式也罢，都是由前人归纳和总结出来的创作经验，后来者只不过是融入自己的意识不断加以完善。而某些天才艺术家，却总是能够打破这种承接关系，自出机杼。这正是艺术的独特之处，它强调的是创造性，因此也提供了艺术家打破既定的美学模式、超越前人与提升自我的契机。贺鹏飞就是这样的艺术家，他跳出固有的艺术框架从事绘画创作，并不是一种业余爱好，而是一种专业性的介入，为的是拓展艺术的边界，丰富绘画的语汇。因此，贺鹏飞走到绘画创作中，既有自己的美学理念，也形成了自己的绘画语言。

严格说来，贺鹏飞的绘画属于表现主义范畴。表现主义是现代艺术的重要一支，它将绘画从图像的依赖中解放出来，提供了艺术家表达自我意识的机会，因此受到中外许多当代艺术家的青睐。贺鹏飞钟情于表现主义，正是因为这种绘画方式可以释放自己的情绪，同时又能够揭示出内心的丰富感受，言不可言之物，表不可显之象。故而，贺鹏飞以表现主义为语汇，进入到绘画创作中，亦是一种寻找自我、回归自我的过程。

在贺鹏飞的绘画中，色彩和肌理是最为重要的两个因素。它们与贺鹏飞跌宕起伏的情绪关联起来，或挥洒，或凝重，结笔轻疾地构成一幅幅极具表现意味的作品，也因此形成了贺鹏飞自己的艺术面貌。与此同时，贺鹏飞在画面中吸收了一些原始图腾和古文化符号的意象，通过语言的转换，使其作品超越了简单的自我情绪和个人感受的表达，而是与源远流长的文化传统联系起来，具有了某种文化寻根的特征。而这，正是贺鹏飞的独特之处，也是他的绘画之意义所在。

作为一个出版家，贺鹏飞具有一种强烈的文化责任感和历史使命感。因此，绘画对于他而言，不只是自我表现的方式，也是一种知识传播，抑或是用一种美学方式进行文化启蒙。故而，贺鹏飞总是会在自己的绘画中注入一些人文内涵，除了原始图腾和古文化符号的运用，他还尝试过不同材料的转换，比如用传统的水墨作画,比如将自己的油画与古代的屏风有机地联系起来等等。但更重要的是对于主题的明确,即后来贺鹏飞将中国的古文献《山海经》作为题材，不断加以演绎，从而使他的绘画创作纳入到中国的历史文脉中，具有了某种传统文化的启示作用。

毫无疑问，当代艺术的形式创新并非目的，目的还是为了通过新颖的形式，唤醒人们的文化记忆，丰富人们的生命感知。从这个意义上说，贺鹏飞认识到《山海经》的价值，正是源于他的艺术敏感，以及肩负的文化责任。而《山海经》作为中国古文献中最具想象力的文本，不仅解放了贺鹏飞的思维，使其通过新的视觉转换从中找到纵情驰骋的审美体验，也使他的所有创作具有了华夏文明的坚定基石。

杨卫，著名批评家及策展人、中国美术批评家年会秘书长、湖南师大美术学院教授、现当代艺术研究中心主任。

评论人/**贺雄飞**

"艺术"一词在古希腊的时代就与所谓的"灵感"联系在一起，也就是说，这些令人不可思议和无法定义的奇妙创造，心智完全可能来自天启，而非人为的结果。我认为，这种灵感的大爆发完全得益于贺鹏飞小时候在草原上牧马的经历；而其技法的特点，则完全得益于他从小学习成为木匠和厨师的经历，从而能够大胆地尝试使用各种材料，就仿佛绘画大师毕加索和马蒂斯一样，其作品中常常出现凸凹的立体感觉。

贺鹏飞的许多作品在技法上有梵高最后的作品之一《乌云密布的天空下的麦田》之感，完全通过色彩和笔调体现出作者内心的喜怒哀乐，充分展示了画家的诗意、艺术性和想象力。正如哲学家卡西尔所言："没有一个人会否认，艺术品给了我们最高的愉悦，或许是人类本性所能有的最持久、最强烈的审美愉悦。"

如果说鹏飞是一位传统的中国画家的话，他也许会完全用中规中矩的手法成为一名功底深厚的"画匠"，而不会成为一位无师自通、天马行空的自由艺术家。因为他从小在大自然的滋润下自由成长，没有各种理论的约束和限制，所以他才能够最大限度地在绘画方面体现出他的天赋和才华。我看画看的不是技法：一是看他的思想，二是看他的认知，三看他的智慧。鹏飞非常灵活，再加上他从小放过马、做过厨师，所以他这种天赋是被大自然所激发出来的。后来因为从事出版业，对他的思想升华也有影响。这背后是有所关联的。按照古代的思想，艺术有四个境界，第一是本意，第二是象征含义，第三是隐喻，最后是奥秘。判断鹏飞的这种绘画的技术和思想究竟能不能得到绘画界的认可，我没有这个专业能力；但是我要解构他背后绘画的奥秘，究竟能够带给我们什么样的启迪和智慧——这是我接下来要继续做的事情。

贺雄飞，出版家、教育家、北艺人文学院院长。曾策划出版《塔木德》等犹太思想、文化类书籍四十余种。

## 评论人 / 王东方

王东方，八一美术馆馆长，中国工笔画学会常务理事，作品获得多个奖项，曾出版多种个人作品集。

鹏飞的展览叫“东方遇到西方”，我一进他这个展厅首先就感觉作品摆放得比较合理到位，各种风格面貌让你眼前一亮，而且这个作品让你触及心灵，正窥你的心灵。为什么说“东方遇到西方”？抑或是西方遇到东方，他现在这些作品我感觉是在反复探讨，是一种心灵的碰撞。贺鹏飞在这方面做了大量的实验，他如果不是一个勤奋的画家，达不到这个程度。他这几年的作品给我感觉越来越轻松，包括表达人文故事也好，他所要说的语言都在画眼上，在黄金分割线上，能给你具体地展现出来。我的感觉是什么？他从小在北京的经历，包括这些年人生的阅历，一个沉淀或积累，他用色彩做了一个非常好的终点，今天展现给大家，所以说也谢谢鹏飞，祝贺你，在艺术道路上越走越远。

## 评论人 / **杨文森**

杨文森，中国美术家协会理事、民盟中央美术院理事，山东中国画创作研究院院长。

原来见过鹏飞一些作品，有的还不是原作。今天看到展览上这些画我有几个感受，鹏飞是个内心比较纯净的，而且是有真诚的、有想法的人，是真正适合走艺术这条路的。因为他有这种真诚和对艺术的执着。第二，他的所有作品都是每一幅有每一幅的想法,而不是重复。我也见过很多画抽象画的,基本上都一个模样，或者是太局部，或者是大的、小的基本上都是一种方法。但鹏飞就是不断地在探索尝试，证明生活还是带给他这种创作激情、创作感受，创作灵感是在不断地涌现出来。他更是一个能从生活中汲取营养的人，因为做出版，他会经手很多东西，包括古代、现代、当代西方各种画册，所有的图录、图书，他见得非常多，从这里边他能寻找适合自己的表达方式。

我们画画讲究真诚是起点，创新是灵魂，这两条他都占了。他有这么好的、这么真诚的对待艺术的执着精神是值得敬佩的。希望鹏飞艺术道路越走越好，越走越远。

## 评论人/黎晶

非常高兴认识诸位，我和贺鹏飞算忘年交，这一次受邀来参加画展，看完以后很震撼，尤其这个题目就让我很震撼，“东方遇到西方”，貌似是一个地理概念，我这一代人年轻的时候经常有句话叫“东方压倒西方”。那么现在来看这句话，“东方遇到西方”，是东方和西方的碰撞或者是接壤交融，我倒认为是一种东方人和西方人在意识形态上不同的反映。

这 70 多幅作品，他用独特的方式展现出来，运用了独创的色彩变幻形式，完全寄托了贺鹏飞的思想和对生活的爱。我认为他所有的画当中体现了一个最真谛的原则，就是热爱生活。他把生活看得无限美好，用各种色彩去汇集、去表现。我认为今天要来参观的很多人可能对每幅画的感悟不太一样，收获也不太一样，因为他们的经历、文化、对美的认知不同，那么贺鹏飞的思想寄托恰恰就反映出这个问题，即艺术家的创作理念和读者所接触的信息是不对称的。

黎晶，中国书法家协会理事，北京市文学艺术界联合会原党组副书记。曾出版多部诗集及小说。

评论人/**王端廷**

很高兴参加贺鹏飞先生作品展览的研讨会。对于我来讲，这样的展览算是比较特殊的，因为贺鹏飞先生是业余画家，我们平时面对的大多是专业画家。刚才杨文森先生提到，一个人有没有受过专业教育，他的创作面貌是不一样的，一眼就能看出来。而且，受什么样的教育，比如说受传统绘画的教育，他画出来的是一种面貌；受西式教育的，比如说现在的美术学院的教育，他画出来又是另外一种面貌。

像贺鹏飞先生这样的业余画家，在学术上还有个名称叫素人画家，或者叫星期日画家，他这样一种绘画面貌，我们不是说完全没有见到，但是在学术研讨中还是比较少。当然这样的艺术现象自古以来一直存在，不管是西方，还是中国，在主流艺术之外，总有一些另类艺术家，对主流艺术的发展进行补充，甚至最终进入到主流艺术领域。比如说西方现代艺术史上有一个流派叫原始主义，代表艺术家是亨利·卢梭，他与立体主义艺术家是同时代人，卢梭当年就是被毕加索以及巴黎蒙马特高地的一帮艺术家推举，进入到巴黎艺术圈的。卢梭本来是一个海关官员，业余画画，最后进入了艺术史，而且艺术史家定义了一个专门的流派，就叫原始主义，给这些艺术家以合法的身份。

我注意到展台上展示的有贺鹏飞先生以前的一些画册，将贺鹏飞的绘画风格定义为原始主义，并没有将其定位成一个学院派艺术家，我认为这种定位是合适的。其实，在中国的当代艺术界，像贺鹏飞这样的艺术家还是有一些，我们也能接触到。比如北京市规划展览馆的赵莉，她的抽象绘画和贺鹏飞先生的作品比较像，而且据她本人说，她的作品还被作为国礼送给国外要人。近年出现的最有名的素人艺术家叫郭凤怡，是陕西的一个农妇，按照一般的说法，她是一个装神弄鬼的女巫，用符咒和法术给人治病。她画了一些画，表现的是非常神秘的心灵世界。她的作品甚至先后参加了 2013 年第 55 届威尼斯双年展和 2021 年第 13 届上海双年展，而她本人早在 2010 年就去世了。

贺鹏飞先生的作品有这一类艺术家的共性，即他们的创作是来自直觉，来自感性。同时他又曾生活在内蒙古，所以他的作品中还有源于内蒙古草原的那种辽阔和宏大的气质。他的这种作品，我觉得不太好归类。我注意到杨卫的文章里没有把它归于抽象绘画，而是放在表现主义流派之中。其实，他的艺术之根还是来自中国传统的写意艺术，是采用中国传统写意艺术中泼墨泼彩手法所形成的一种新的写意绘画，它具有抒情功能，因此把它定义为表现主义也是合适的。我看到也有人把他的作品定义为抽象艺术，刚才杨文森先生也提到了这一概念，这个说法也不能说完全没有道理。由于他的绘画不同于标准的专业绘画，会有一个多义性，可以从不同的角度来进行解读，正因为他不是学院派出身，所以他可以不受学院派的规则和标准的约束，他是自由而随性地进行创作，所以他的创作不太好定位。

实际上，抽象艺术是中国当代画坛近些年来一股持续不断的热潮。抽象艺术的展览越来越多，大概是2017年左右，雅昌艺术网做了一个统计，在一年的时间内，我国举办的抽象艺术个展和群展达到五十多个。这些年来，年轻的画家，尤其美院毕业的年轻画家进入抽象领域的也越来越多，抽象艺术家是中国当代艺术创作队伍中规模增长最快的一个群体。

我的身份是西方美术史研究者，抽象艺术是我研究的一个重要领域,我在1993年翻译出版过一本书叫《抽象绘画》,据我所知，在中国画抽象画的人都看过这本书，因为中国翻译西方抽象艺术的出版物比较少。中国抽象艺术翻译成果除了我的这本书之外，还有一个就是我们中国艺术研究院音乐研究所的一位老专家名叫王昭仁的翻译的一本书《克瑙尔抽象绘画词典》，这是他在1961年，也就是他30多岁的时候翻译的，直到1991年他退休后才出版。这本书出版之后又被广西师大出版社一分为二，分成两本书再版过。中国关于西方抽象艺术的翻译成果就只有这两份。

西方抽象艺术，如果从1910年康定斯基的第一幅抽象的水彩画算起，已经有100多年的历史。无数的艺术家在这个领域进行探索，抽象艺术的研究成果，也就是关于抽象的史论著作非常多，但是由于方方面面的原因，我们对西方抽象艺术家的创作成果的引介还不是太多，相应的学术研究成果引进，比如说翻译也非常少。之所以出现这种局面，一个因素是意识形态方面，还有一个重要因素是经济效益方面。因为，尽管中国抽象艺术界看起来人很多，但是从整个社会来讲，从整个国民人口来讲，它仍然是非常小的一个群体。如果从出版效益的角度来讲，这类出版物肯定是属于销量比较少的，但是它仍然会是长销书，总会不断有专业人员需要这种书。比如我1993年出版的《抽象绘画》，在2013年被再版，再版了以后又销售一空了。据说现在在孔夫子旧书网上的复印件都卖到了200块钱一本。

贺鹏飞先生做出版，而且热衷于抽象艺术的探索，我倒建议贺鹏飞先生在出版方面，也就是在对西方抽象艺术创作成果、研究成果和翻译成果的引进方面，做一些事情。因为中国现在特别需要这种东西，这不仅是对你个人的创作，可能对中国整个抽象艺术发展都是功德无量的事情。我们对抽象艺术的了解还是非常有限的。抽象艺术是西方人的理性主义思维方式和人本主义世界观的集中体现，也是现代工业文明时代西方艺术的重要成果。抽象艺术与西方工业文明相辅相成，理解了抽象艺术就意味着理解了西方文化，理解了抽象艺术就理解了工业文明。中国这些年之所以会出现抽象艺术热，正是因为我们正处在一个从农业文明向工业文明转化的重要历史时期，我们叫工业化时期，这就是中国抽象艺术之所以繁荣的土壤。

抽象艺术是西方人的世界观和思维方式的体现，而我们知道西方人的世界观和思维方式与中国人的世界观和思维方式有着巨大的差异，甚至是完全相反的。所以我们中国人在理解和认识抽象方面，直到现在还没有达到它的本质，这可能需要一个长期的过程。我国真正的抽象艺术创作还是改革开放之后的事儿，发展时间还比较短。如果将50年代像赵无极和朱德群的作品算作中国抽象艺术的话，时间也不算长。问题在于，那时他们在法国，对当时的国内艺术界几乎没有什么影响。更重要的是，当时国内的意识形态是排斥抽象的。今天中国抽象艺术的繁荣得益于改革开放的大环境和工业化这样一个大的历史背景。

抽象艺术有两个方面的功能，一是从艺术的主体上来讲，它体现的是艺术家创作的独立和自由。实际上，这也是当代艺术最重要的价值观：即艺术是一片自由的飞地，它对所有人敞开大门。就像贺鹏飞先生作为一个业余画家，他的作品可以在民族文化宫展示，我们还坐在这里来讨论。在其他任何专业领域都是不可能存在这种现象的，其他每一个学科领域都是专业性非常强的，比如说物理学、数学、化学和生物学都是非常专业的领域，非专业人员很难涉足其中。但是，艺术是向所有人开放的自由领域，在艺术世界人人平等。有人说抽象艺术是精神最高、门槛最低的领域，这恰恰也说明了抽象艺术体现了自由的精神。

二是从艺术本体上来说，抽象艺术是对世界和生命内在本质的揭示。我给抽象艺术的定义是：在工业文明时代，人们利用符合数学、物理学和心理学原理的视觉语言揭示宇宙和生命本质的艺术。抽象艺术又分抒情抽象和几何抽象，抒情抽象也叫热抽象，几何抽象也叫冷抽象，抒情抽象最后又演化出了抽象表现主义。抽象表现主义是在表现主义、抽象主义和超现实主义之后产生的一个三合为一的艺术流派，它的表面形态是抽象的，它的功能是表现的，它的内在本质是对潜意识的心灵世界的揭示。无论是非常理性的几何抽象，还是抒情的或非理性的抽象表现主义，抽象艺术都与中国传统的写意艺术差异巨大。对于我们来讲，能够正确认识抽象艺术，并且能够创作出真正纯粹的抽象艺术作品，不是一件容易的事情。抽象不仅仅是一种思维方式，更是一种世界观。

人类历史是一部绵延不绝、不断探索未知的历史。抽象艺术不仅需要专业艺术家的钻研，也需要像贺鹏飞这样的非专业的艺术家的探索，我们共同努力以推进中国抽象艺术的发展和进步。他的创作对于加强中国百姓对抽象艺术的认识和理解是有积极意义的。从这个意义上来说，我们应该肯定贺鹏飞先生的创作，鼓励他的热情。让我们专业艺术界，包括我们这些专业艺术批评工作者,和非专业艺术家一起,共同推进中国艺术事业的繁荣和进步。

王端廷，艺术评论家，中国艺术研究院研究生院美术系教授，研究生导师。长期从事西方美术史研究。

## 评论人 / 山建宁

我认为鹏飞最宝贵的东西是什么？！就是向往自由，就是一种宋庄精神。艺术家就是表现自己，满足自己，自己喜欢就够了；其次才是共鸣，阅读共鸣，追求心里的这个共性的东西。但更多的画家一辈子追求的就是个性，尤其是西方明确的提到个性，要追求不同。其实咱们中国画也是追求不同。为什么要创新，要与人不同，所以我们鹏飞在这一方面我觉得非常可贵，我想说的就是希望他保持这种可贵，要发扬这种可贵，要自由，不要被框住。我们所有人说的话都是一种我们的理解，我们的理解不加于他，你愿意听就听，不愿意听拉倒，因为那是我的想法，你还有你的想法，这样才能够往一个健康的方向去。

假如人人都画一样的画，人人都合乎规范，艺术还有什么意义？

希望他继续保持这种纯粹，保持内心的追求，追求自己。

山建宁，通州区美术家协会常务副主席、通州运河书画研究会会长、国家一级美术师。作品曾获国内多个书画奖项。

## 评论人/徐虹

进展厅我就感觉很轻松，画面没有条条框框的拘束，非常的自由。他对于色彩和肌理的表现上，画面也比较响亮，有独到的感受，不是通过学院学习，把色彩和肌理做一种规则的处理，而是凭着本能和天赋，把它们安排得恰到好处。看到这些观众会会心一笑，因为正是这才让我们有一种共鸣，虽然他的艺术不是按照我们既有的美术史经典序列来界定，但是还很吸引我们，这很重要。艺术本来就是心灵和个人的各种欲望和各种天赋的综合表达，所以在这方面我觉得他很有才华。还有，我们看没有经过学院学习的艺术家作品经常会心一笑，因为他画面里新的东西，不太常看到的东西，而且能直接感动到我，我们要想一想为什么？实际上这就是艺术的最原始最动人之处，也是素人画家的好处，因为学院经典的学习，我们就被结构、笔触、色彩关系、造型规律所俘虏，反而忽略了艺术本源的动力，这一点我觉得需要思考，这是很重要的问题。

我很关注他作品的心理学图像，他的大部分作品都处在变动中，一些线条和肌理组成的“流”在画面飞翔或组成漩涡类型的图像。不知道是有意还是无意，这些流畅的形式很多样，表达的手段也很多样，有薄有厚，有对比强烈，也有含蓄的。我倒是觉得他用水墨来表达这些图像，没有用油画来表达好，这种旋转的、飞翔的，在梦里面躁动不安的，像羽毛一样飞翔的理想主义感觉，油画作品表达得更充沛和丰富一些。比如画面处理起来，有的地方是固定下来，有的是飞溅出去，这种一动一静，虚虚实实的关系，可以处理得非常生动，他的作品的这种特色可能非常符合人们的心理情绪的波动特点，所以会有似曾相识的亲切感。

他的抽象表现主义是和梦幻、幻觉，超现实有关的，这种飞翔的，漩涡的，羽毛形式的作品可以进一步发展和演化，但是要画得非常纯粹，也就是语言的纯粹。再变化、演绎、发展各种各样的手段，深入下去的时候，会找到真正的自己想要的东西。画家还要画些稍大的画，因为我觉得过于小的尺寸不能涵盖他的激情和想要表达的内容。而在大画里面解决一些深入的问题，再把小画的这一瞬间的感觉放入大画中，可能就会出现不一样的效果。而不是现在将两幅不同的画叠置一起，一幅画叠置在另一后面，好像加了很多装饰背景，把真正想要表达的心理学意义的图像给淡化了。实际上好多民间传承下来的图案，都是有心理学因素的，有很多是巫术的图案，巫术图案都跟心理有关，它变为文化传统传承下来。如果我们还原，就可以了解远古人类的心理，其本能的恐惧、爱欲、惊疑、敬畏和忧虑等等。所以我觉得这种图式可能会补充水墨文人画的逸笔草草，而将心理学的因素加入其中，这也成为新的抽象一种，因为抽象本身就是心理学的，里面具有超现实主义因素，超现实主义就是和梦幻有关。

另外他可能是有意无意地将内蒙古传统文化的因素继承下

来，体现在他的画面上就是图案的排列和色调的处理。比如我觉得他的作品《众生》画得特别好，色彩的排列、各式的角度，看上去规则，但每一点都有他身体的触感，都是他自己的感觉，特别有质感。而这两种东西是他作品里最引人注目的，也是最生动的。他对人文情况以及生活的撷取，是长期的经历和经验自然结果，我看到这样的画面处理，眼前浮现的是那种高亢的，但又带点悲凉和苍茫的印象。所以他的这种图案，跟东南亚、缅甸、泰国的当代艺术中呈现的图案作品完全不一样。

他的后续画面一定会既单纯又丰富，会把一个主题做足，事件一件一件展开，话也会一句一句地说。这就像他做出版编书一样，一本书准备一个主题。虽然不需要学院的规则来限定，但是作为一个观众，看画的习惯，是这幅画说什么，那幅画说什么的节奏。单纯而不简单，丰富而不繁杂，把人的视觉、感觉，心理以及对美好感觉的追求愿望保存下来，既不强调规则，但又有自己的原则，这样肯定会有更大的收获。

徐虹：著名艺术批评家、清华大学艺术博物馆学术部主任，多次参与策划国内外艺术展览和学术研讨会。

**图书在版编目（CIP）数据**

最后的猨翼山 / 奈目工作室著绘. -- 北京：北京联合出版公司，2022.1

（山海无界）

ISBN 978-7-5596-5237-9

Ⅰ. ①最… Ⅱ. ①奈… Ⅲ. ①《山海经》－通俗读物 Ⅳ. ① K928.631-49

中国版本图书馆 CIP 数据核字（2021）第 205241 号

**山海无界：最后的猨翼山**

作　　者：奈目工作室

出 品 人：赵红仕

责任编辑：牛炜征

特约编辑：刘文莉　肖　瑶

封面设计：鹏飞艺术

---

北京联合出版公司出版

（北京市西城区德外大街 83 号楼 9 层　100088）

天津丰富彩艺印刷有限公司印刷　新华书店经销

字数 123 千字　889 毫米 ×1194 毫米　1/32　8.25 印张

2022 年 1 月第 1 版　2022 年 1 月第 1 次印刷

ISBN 978-7-5596-5237-9

定价：58.80 元

---